三陸わかめと昆布

浜とまちのレシピ80

婦人之友社

はじめに

この料理集には、三陸のわかめや昆布のおいしさが詰まっています。

2011年3月11日に発生した、宮城県牡鹿半島沖を震源とする地震は巨大な津波を引き起こし、漁業を生活基盤とする三陸沿岸全域に大きな爪痕を残しました。生命も、家屋や財産も、漁船や漁具も何もかも奪い、収穫目前だったわかめや昆布も全滅させました。

それでも漁師さんたちは、海で生きることをあきらめませんでした。婦人之友社・全国友の会（婦人之友の読者の集まり）・自由学園の3団体が支援で訪ねたひとつに、石巻市北上町十三浜があります。浜では漁協を中心に、わかめの養殖から復興を目指すと知った私たちは、「浜の希望につながる価格でわかめを購入し、家庭の食卓にのせることならできます」と申し出ました。婦人之友、明日の友の誌上で呼びかけると、全国から予想を超える反響がありました。

わかめが届くと、「遠くにいても被災した浜

2016年1月15日。波おだやかな日の十三浜大室漁港。津波は道路にかかる白い橋を越え、その奥の小室集落を飲み込みました。

を近くに感じます。応援しています」「漁師さん、大変な中、肉厚でおいしいわかめをありがとう」などのメッセージが寄せられ、漁師さんからも「応援ありがとう。励みになります」「津波に負けず、よいわかめをつくります」の声。そして、海の仕事や浜の暮らしを教えていただきながら、交友が深まっていきました。

やがて浜とまちの双方から、わかめや昆布を使った料理をもっと知りたいという声が広がり、レシピを募集したところ、各地から実に多彩な食べ方の工夫が集まりました。料理のプロの知恵や、高校生大学生のアイデアも加わりました。

豊かな海に囲まれながらも漁業に携わる人が減っている今、安さばかりを求めず、食べものをつくる人と食べる人がつながり、共に喜びを感じる——家庭から、そんな食卓を広げましょう。東日本大震災で被害を受けた方々に思いを寄せるみなさま、十三浜のみなさまの惜しみないご協力をいただき実現したこの本が、その一助になれば幸いです。

２０１７年３月11日　婦人之友社編集部

もくじ

この本をお使いになる前に

- この本の料理は三陸産の「湯通し塩蔵」したわかめ・茎わかめ・昆布を使っています。その特徴についてはP10～15を、塩抜きや切り方や保存方法については、P24～27をごらんください。
- 材料表の分量は、表記があるもの以外は4人分です。
- 計量の単位は、1カップ200ml、大さじ1＝15ml、小さじ1＝5mlです。

海のしごと 浜のくらし

津波で壊滅的な被害を受けてもなお、
三陸沿岸の人たちは
自然と向き合う生活を続けています。
わかめや昆布を中心とした海の仕事
浜の暮らし、母さんたちの味を紹介します。

十三浜に生きる

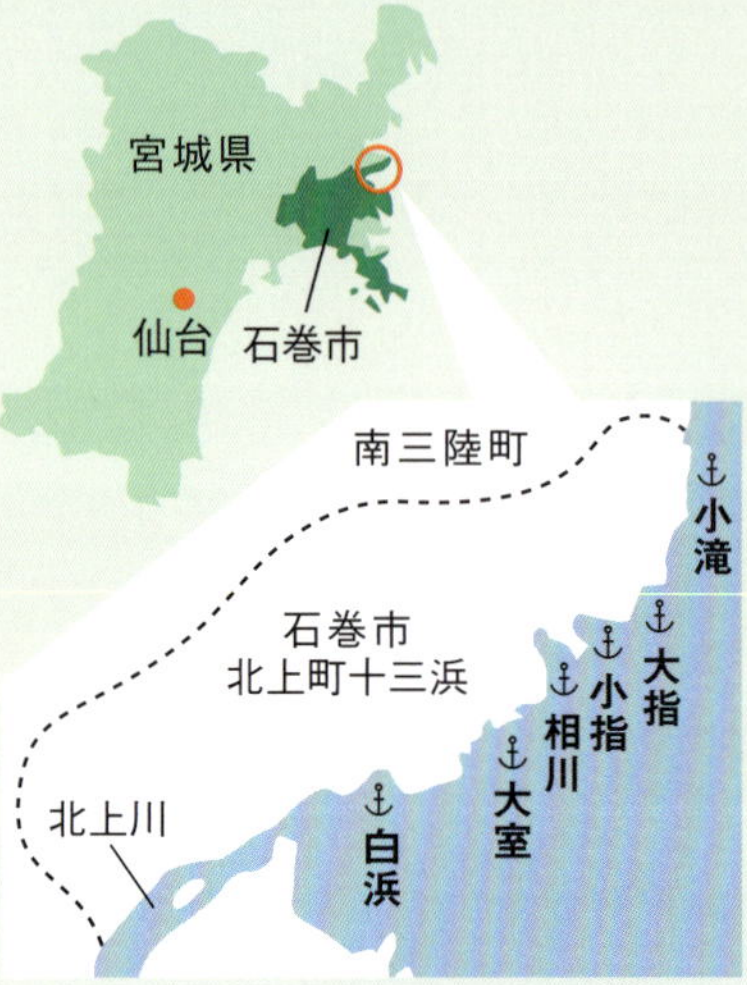

宮城県石巻市北上町十三浜は、三陸南部の地域です。北上川河口付近から海岸線を北上した15㎞ほどの範囲に、13の集落（浜）と6つの小さな漁港が点在しています。

北上川は流域面積が日本で4番目に広く、山や森の豊かな養分を集めながら南下して、海に注ぎます。その川水が海水に混ざる十三浜は、海藻や魚介類がよく育つ豊穣の海。わかめや昆布はじめホタテやホヤの養殖、定置網や刺し網漁、タコ籠漁、アワビやウニ漁、海藻の採取などの沿岸漁業が、家族や仲間で行われています。

大室漁港

外洋に面しているため、荒波が肉厚で弾力ある良質なわかめや昆布を育てる反面、低気圧や台風で海が荒れると大きな影響を受けます。春先には、雪どけで増水した北上川の水が、一時的に海を覆うことも。そうなると、海面近くで行う養殖に被害が出ます。

「自然が相手だからしゃあないのさ」「朝起きたらまず海を見る」と語る漁師さんたち。自然の恵みも自然の脅威も受け入れ、空や風や海の変化を読み取り、漁の腕や養殖技術を磨く。それが海と共に生きる人たちの姿です。

季節の巡りの中で助け合って

十三浜の暮らしとなりわいは、季節の巡りに合わせ、「結《ゆい》っこ」と呼ばれる共助と住民自治で営まれています。たとえば春の訪れを告げるのが、天然海藻採取の解禁「磯の開口《かいこう》」。磯にヒジキ、岩ノリ、マツモ、フノリなどの海藻がびっしり生えてくる2月下旬、潮の干満差が大きい大潮の日に、住民総出で一斉に刈り取ります。自然の恵みを集落で共有し、大切にする心が、今も息づいています。

養殖中のわかめや昆布がぐんと厚みを増すのもこの頃。収穫が始まると、浜には湯通しのための釜や水槽が家ごとに並び、一年で最も忙しく活気にあふれます。わが家の作業が終わったら、他の家族を手伝います。

夏の「ウニの開口」や冬の「アワビの開口」も、「海の水が澄んで凪がいい（波が静かな）日に限り、夜明けと共に一斉に行います。決められた漁具と一定の時間内で腕を競い合うのは、海の幸を獲り尽くさず、分かち合う知恵。津波が襲った三陸の浜は、海の家族の暮らしの場です。

1. 箱めがねでのぞきながら、長い鉤竿《かぎさお》を操ってウニを採る熟練の技／ 2. 養殖ホタテ網の引き上げ／ 3.4. 海の仕事の技と知恵は、父から子、孫へと受け継がれていきます／ 5.6.9.10. 海でも浜でも、家族や仲間と力を合わせて／ 7. 集落の無病息災を祈る「春祈祷」。獅子舞いが全戸を回ります／ 8. 仕事の合間に稽古をして楽しんだ民俗芸能「大室南部神楽」は今も受け継がれています。

三陸沿岸でわかめの7割が収穫されています

晩秋、養殖用ロープに挟んだわかめの種苗が、４カ月ほどでこんなに大きく生長します。石巻市北上町十三浜で

わかめは1年生の海藻で、収穫の時期は春。秋から冬にかけて生長し、春めいてくると厚みを増して刈り取りの時を迎えます。

もともと、北海道南部から九州まで、日本列島沿岸の広い範囲に自生し、各地で採取されていた身近な海藻ですが、現在では全国の収穫量の95％以上は養殖です。

主な産地は三陸沿岸で、岩手と宮城両県で国産の約7割が生産されています。養殖は、１９５６（昭和31）年に宮城県女川町の小乗浜《このりはま》で成功したのに始まり、60年代から盛んになりました。天然わかめの収穫は、小舟に揺られながら海中をのぞいて刈る大変な作業で、収量も安定しませんでした。ロープでタネ（P12）から育てる養殖方法が確立されてから生産量が増え、全国の食卓で日常的に食べられるようになりました。

天然わかめは岩礁に根を張り、養殖わかめはロープに根をからませ、どちらも海中の養分と太陽の光で育ちます。

肉厚で弾力のある三陸わかめ

わかめは、育つ海の環境や水温によって形状が異なり、潮の流れの速い所では葉肉が厚く、湾内など静かな海面では薄くなります。昔から鳴門《なると》わかめで知られた徳島はじめ、長崎や山陰、紀伊半島などでも養殖されています。

三陸わかめは、肉厚であることが特徴です。リアス式海岸特有の地形がもたらす川からの養分をたっぷり吸収し、北の荒波にもまれながら、冷たい海中でじっくり育つからです。冬の海の透明度が高く、日光が海中深くまで届いて光合成をうながすこともプラスに働いています。

茎わかめ（中芯）

厚くサクサクした歯ごたえで、煮ものや炒めもの、佃煮に向きます。塩蔵の後、中芯と葉は別々に製品にします。

刈り取ったばかりのわかめ

海藻は種子植物と違い、からだ全体で養分を吸収し、胞子で子孫を増やします。

1本のわかめを広げると、こんな形です。

わかめ（葉）

肉厚で弾力に富み、深い切れこみがあるのが三陸わかめの特徴。めかぶに近い下側が生長点で、若い葉が出てきます。

わかめが生長する様子

海中で潮にもまれながら茎を伸ばし、葉を茂らせ、最後にめかぶができます。

めかぶ（胞子葉《ほうしよう》）

胞子ができるひだ状の塊（左写真も）。生長するにつれて肥大し、やがて胞子を放出して、わかめの一生が終わります。粘りがあり食物繊維が豊富です。

めかぶの下に見えているヒゲのようなものが根。

根（仮根《かこん》）

陸上の植物の根のように養分を吸収するのではなく、岩やロープに体を付着させます。食用にはなりません。

塩蔵わかめができるまで

三陸の海が育てるわかめの生長を助け、刈り取り、年中食べられるように塩蔵加工するのは、漁師さんとその家族です。

海は穏やかな日も荒れる日もあります。春先、北上川から雪どけ水が一気に押し寄せると、真水《まみず》が海面を覆う前に養殖ロープを深く沈めて、わかめを守ります。

保存するための工夫が湯通し塩蔵。色鮮やかで保存性が高く、風味や食感が保たれる加工法です。肉厚で生産量も多い三陸のわかめには、乾燥より湯通し塩蔵が適しています。

「海の仕事は自然が相手」。十三浜で何度となく耳にする言葉です。恵みであり脅威でもある自然を受け入れ、経験と知恵と技を尽くす漁師さんたち。食卓にのるおいしいわかめは、浜に生きる人たちの厳しい労働と、ていねいな手仕事に支えられています。その工程を紹介します。

① わかめのタネ

浜で「タネ」と呼ぶわかめの種苗。多くの場合、専門の漁師さんが海中で育苗管理します。タネは、わかめのできに関わるので重要です。

② タネ付け

田植えに相当する大事な作業。水温が下がる晩秋に行います。15～20cm 間隔で2人1組で、長さ100m以上の養殖ロープにタネを挟みます。

③ 海に投下

タネを挟んだロープに浮き玉をつけ、漁船で決められた場所へ。水面下約 30cm に水平に張り、海底のアンカーとつないで固定。

④ 刈り取り

三陸わかめの収穫最盛期は3～4月。早朝、身を切る寒さの海に出て、揺れる船上からロープを引き上げ、端から手鎌で刈ってゆく重労働です。

❺ 耳そぎ

めかぶを切り取る作業。わかめを満載した漁船が浜に戻ると、待ち構えた家族みんなで行います。春は十三浜が1年で一番忙しく活気ある時期。

❻ 湯通し

刈ったらすぐに湯通し。85 〜 90℃に熱した海水で30 〜 40秒ほどゆで、海水で冷却します。歯ごたえや風味を左右する、経験と勘がものを言う作業。

❼ 湯通し前（右）、湯通し後

熱湯をくぐらせると、褐色が色鮮やかな緑に。わかめに含まれるカロテノイドの色合いが変化し、熱に強い色素クロロフィルの色が現れるためです。

❽ 塩がらみ

濃い塩水に漬けこみます。しっかり塩を効かせることで、保存性を高めます。❹〜❽までの作業を刈り取った1日で行います。

❾ 脱水

塩水に漬けて1日おいた後、圧力をかけて脱水。保存性を左右するので十分に。脱水がよいと、水に浸けて塩抜きした時、かさがグッと増えます。

❿ 芯抜き

1本1本しごくようにして、葉と中芯を分けます。おもに女性が携わる、根気と時間のいる手作業。終わると出荷まで、木箱に入れて低温保管します。

丸ごと食べる海の野菜
「湯通し塩蔵昆布」

十三浜で5～6月に行われる昆布の刈り取り。養殖しているのは、幅が広く葉肉の厚い「真昆布」。養分豊富な親潮にもまれ半年で4～5mに生長しますが、海が荒れると葉がからまって傷つきやすく、気が抜けません。生長途中の葉を収穫するため刈り取り適期は短く、大変な重労働です。

昆布は寒冷な海に育つ2年生の海藻で、北海道から三陸沿岸にかけて分布し、寒流が暖流とぶつかる宮城県石巻市あたりが南限です。利尻昆布、羅臼昆布、三石昆布（＝日高昆布）、真昆布、長昆布、細目昆布などさまざまな種類が知られ、三陸沿岸では小ぶりで粘りの強い細目昆布を中心に、真昆布や三石昆布も自生しています。

天然採取と養殖を合わせた生産量は、北海道が全国の約9割。昔から、北海道の天然昆布は北前船で上方や琉球へと運ばれる交易品として、産地が開発されたからです。2年ものの昆布を天日に干して乾物にした北海道産は、おもにだし昆布として使われています。

三陸沿岸の昆布の生産量は1割に過ぎませんが、三陸に生きる人びとの命の糧として、地元で大切に食べられてきました。

東北の太平洋側では夏、しばしば冷たい東風《やませ》が吹きます。気温が下がり、濃霧が立ちこめて田畑の作物は実らず、飢饉の原因にもなりました。そんな時、海岸に打ち寄せられる昆布は、貴重な食料だったのです。みんなで分け合う海の恵み、それが三陸の

昆布の生産

養殖昆布が育つ過程はわかめとほぼ同じ。時期が１～２カ月おそいので、わかめと同じ設備で湯通し塩蔵できます。

1 昆布のタネ

「タネ」と呼ばれる昆布の種苗。これを切って、養殖用のロープに挟んでいきます。

2 タネ付け

昆布のタネ付けは晩秋から初冬。十三浜では、わかめのタネ付けが終わった11月半ばから12月にかけて行います。

3 湯通し

刈り取った昆布を、約85℃～90℃の海水で30～40秒ほどゆでると鮮やかな緑に。均等に熱が回るように、竹竿でかき混ぜます。

4 冷やす

海水で冷やします。色と歯ごたえを保つ大事な作業。この後、塩蔵、脱水をします。昆布には茎がなく、わかめのような芯抜き作業はありません。

天然昆布を干す

秋、海岸に流れ着く天然昆布は、拾い集めて天日で干します。とろろ昆布の原料にするほか、自家用だし昆布として利用します。

昆布でした。

　十三浜には、今も天然昆布採取の決まりがあります。岩礁に生えている間は採らず、秋になって自然に浜に流れ着いたら、誰が採ってもよいのです。少し前までは、そんな流れ昆布を女性たちが共同で採り、売ったお金を親睦旅行の費用にあてたといいます。

柔らかく、料理も手軽です

　現在では、三陸産昆布の主流は養殖です。昆布の南限に近い環境を生かし、半年という短期間で育てます。葉肉が薄く柔らかいうちに刈り取るのが特徴です。丸ごと食べられる、言わば「海の野菜」。柔らかいので短時間で火が通り、調理が手軽です。

　三陸の伝統的な乾物に、湯通ししてきざみ、海苔のように板状に干した「すき昆布」があります。そしてもうひとつの加工方法が、この本で紹介する「湯通し塩蔵昆布」。わかめの湯通し塩蔵を昆布に応用したもので、１９７０年代に始まりました。色がきれいで、食感、風味、旨味のほどよさが特徴です。

　手軽に料理できる湯通し塩蔵昆布を、もっと気軽に食卓へと願います。

自らの手で食べものをつくる十三浜の食卓

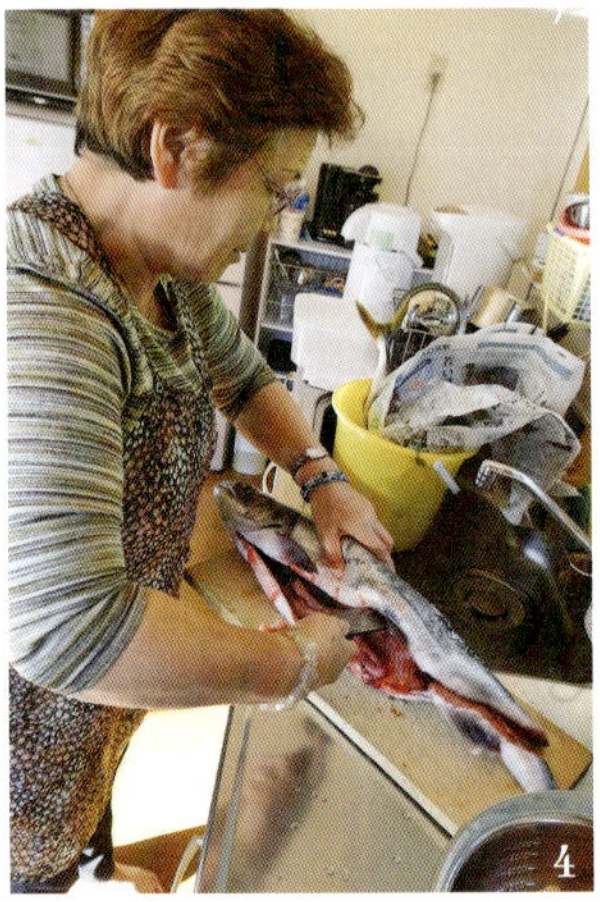

1. 屋外にはすぐに調理できるように流しや釜があります／2. 野菜は自家用の畑から。津波で流された自宅跡も今は畑に／3. 1年分の味噌や梅干しを仕込み、畑で採れた野菜を漬けます／4. 獲れた魚介はすぐ調理。鮭もさばきます／5. 4世代で食事を囲む漁師さん一家。朝が早いので夕食は6時に家族そろって。その日に獲れた魚やわかめ、昆布など、食卓には海の幸が並びます。

浜の食卓は豊かです。四季折々に海の恵みがあり、背後の里山では山菜やキノコが採れ、清水が湧き、たいていの家が小さな畑を持って、自家用の野菜を育てています。

浜のお母さんたちは、忙しい海の仕事の合間に、それらを手間を惜しまず加工し、調理して、家族の食べものにします。

あがった魚はすぐにさばき、定置網で獲れたサケは塩鮭やいくらに、ウニは殻から身を取り出して塩ウニに、アワビは味噌や粕漬けに、刈り取った海藻や流れ着く昆布は天日干しし、大根や白菜は軽く干して漬けものに……という具合。

わかめと昆布は、味噌汁、酢のもの、炒めもの、天ぷらと、毎日さまざまな料理に使います。厳冬の1月、まだ葉が薄いわかめを早採りし、生でしゃぶしゃぶにするのも、この時期の浜ならではの食べ方です。

昆布の定番は結び昆布の煮もの。どこの家でも結んで冷凍庫にストックしておき、小さなホタテや小魚など、その時あるものと一緒に煮ていただきます。

食料は自らの手でまかなう。それが浜の暮らしです。「ここは、かばねやみしなけれ

6. P18 ～ P20の料理をつくってくださった十三浜のみなさん。仮設住宅では、こうして料理を持ち寄って集会所に集まることもたびたび／7.8. 梅干しや大根、この他にも柿や海藻など、浜のあちらこちらで天日干しをしているのを見かけます。

ば食べていけるいいところだよ」と、十三浜の人たちは言います。「かばねやみしない」とは、方言で「労を惜しまない」こと。海や畑で働き、知恵と工夫で、自然の恵みを無駄なく生かすのです。

あるものは分かち合って

「食べてけらいん（食べてください）」と近所におすそ分けしたり、海のものと畑の野菜を交換したり。あるものを分かち合うのも、浜の流儀。食べものは自然が与えてくれたもの、という感覚をみんなが共有しています。

　手料理や漬けものを並べて楽しむ「お茶っこ飲み」や、料理を持ち寄って一緒に食べることもしょっちゅう。震災後は仮設住宅の暮らしの中でも、集会所がにぎやかな浜の食卓になりました。

「あらぁ、うめ（おいしい）ごだ。なんじょしてつくんのや?」「おらい（うち）ではこうやるよ」と、料理談義が始まるのはこんなとき。家庭の味が集落や地域に広がって磨かれ、郷土料理となってゆきます。

浜の母さんのわかめ&茎わかめ料理

十三浜の女性たちは、忙しくても
パパッとおいしいものをつくる達人ぞろい。
合理的で簡単、懐かしい家庭の味です。

わかめとえのきの白和え

豆腐とわかめで「白と黒」。
十三浜の法事には欠かせません。

材料とつくり方

塩蔵わかめ、えのきだけ、豆腐、砂糖、塩

1 わかめは塩抜きして（P25参照）2cm長さに切る。えのきだけは3cm長さに切って湯通し、豆腐は1丁を4つ切りにして水からゆで、沸とう寸前に火を止め、湯きりする。

2 すべての材料を合わせ、豆腐をくずすように混ぜ、砂糖と塩でほんのり甘めの味つけにする。

きざみわかめのおにぎり

塩蔵わかめをそのままきざんだおにぎりは
忙しい母さんの生活の知恵。

材料とつくり方

塩蔵わかめ、ごはん

1 わかめはサッと洗って固くしぼり、細かくきざむ。

2 ごはんに1を混ぜて、おにぎりにする。

わかめと桜えびのかき揚げ

さくさくパリパリ口当たりが軽く
おやつのように食べられます。

材料とつくり方

塩蔵わかめ、桜えび、小麦粉、卵、水、揚げ油

1 わかめは塩抜きして（P25）ざく切りにし、水けを取る。桜えびと合わせて小麦粉を軽くまぶす。

2 小麦粉、卵、水で衣をつくり、1を適量入れてからめ、油でカラリと揚げる。

わかめとじゃがいもの田舎煮

貯蔵していた前年のじゃがいもも、
新わかめと合わせればごちそうに！

材料とつくり方

塩蔵わかめ、じゃがいも、めんつゆ

1 わかめは塩抜きして（P25参照）ざく切り、じゃがいもは大きめに切る。

2 鍋にじゃがいもとひたひたの水を入れて火にかけ、火が通ったらめんつゆとわかめを入れ、味がしみるまで10分煮る。

茎わかめの炒め煮

細く裂いた茎わかめと
たくさんの具材で栄養たっぷり。

材料とつくり方

塩蔵茎わかめ、しめじ、人参、凍み豆腐、油揚げ、ちくわ、糸こんにゃく、ごま油、酒、みりん、砂糖、しょうゆ、だし（顆粒）

1 茎わかめは細く裂いて（剣山を使うとよい。P26参照）、10分くらい塩抜きし、食べやすい長さに切る。しめじは小房に分け、人参、凍み豆腐（水で戻す）、油揚げ、ちくわはせん切り、糸こんにゃくは湯通しして適当な長さに切る。

2 鍋にごま油をひき、茎わかめ以外の材料を入れて3分炒める。そこに茎わかめを入れ、酒、みりん、砂糖、だしを入れて味をととのえ、最後にしょうゆを回しかける。

茎わかめとせん切り野菜のめんつゆ和え

忙しい浜では、
手軽なめんつゆが重宝します。

材料とつくり方

塩蔵茎わかめ、人参、きゅうり、生姜、めんつゆ

1 茎わかめは塩抜きして（P26参照）5cm長さのせん切りに。人参、きゅうりも茎わかめにそろえて切る。生姜はせん切りにする。

2 1を容器やびんに入れ、めんつゆを加えてひと晩漬ける。

わかめとウニとアワビのさっと煮

海の幸がふんだんに入った
ぜいたくで豪快な浜の家庭料理。

材料とつくり方

塩蔵わかめ、蒸しウニ、アワビ、玉ねぎ、めんつゆ

1 わかめは塩抜きして（P25参照）ざく切り、アワビと玉ねぎは薄切りにする。

2 鍋にアワビと玉ねぎを入れ、ひたひたの水を加えてさっと火を通し、わかめとウニを加え、めんつゆでさっと煮て味をととのえる。

浜の母さんの昆布料理

十三浜では、結び昆布と昆布巻きは日常的な献立。保存食や昆布包みなど産地ならではの調理法にも注目です。

きざみ昆布のサラダ

せん切り昆布と好みの食材を合わせてさっぱりとしたサラダに。

材料とつくり方

塩蔵昆布、ハム、マヨネーズ

1 昆布は4～5cm長さのせん切りにして塩抜きし（P27参照）、ハムもせん切りにする。

2 1をマヨネーズで和える。

昆布巻き3種

塩蔵昆布なら昆布巻きも簡単！好きなものを巻いて。

材料とつくり方

塩蔵昆布、かんぴょう、

煮汁 ― 水、みりん、めんつゆ、砂糖

A さんまのすり身200g、卵1個、味噌大さじ1、小麦粉少々をよく練る。

B さんまのかば焼きの缶詰。

C ごぼうを昆布の幅に切ってゆで、めんつゆで薄く味つけしておく。

1 昆布は15～20cm長さに切って塩抜きする（P27参照）。かんぴょうは塩でもんで水洗いし、5～10分水に浸ける。

2 1の昆布を広げて、A、B、Cの好きな具材を手前に置いて巻き、かんぴょうで結ぶ。昆布の端のひらひらした部分を内側に折りこむと、きれいに仕上がる。

3 煮汁の材料を煮立たせ、2を入れて10分ほど煮る。

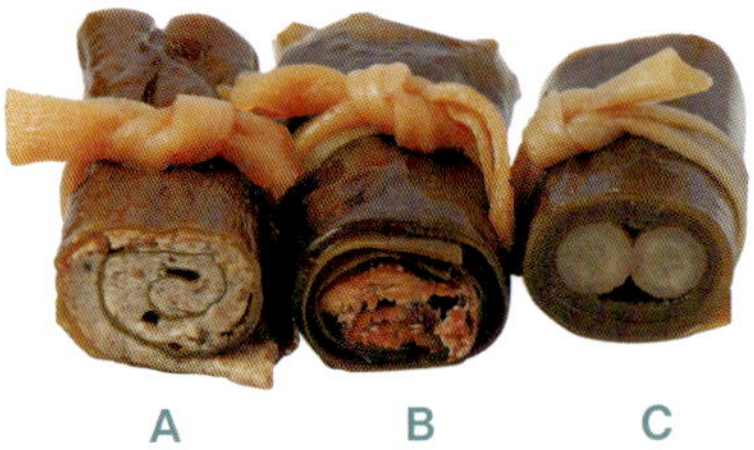

A　B　C

鮭の昆布包み

新鮮な生魚を塩蔵昆布で包むと
滋味あふれる味わいに！

材料とつくり方

塩蔵昆布、生鮭の切り身（生魚ならなんでも）

1 鮭の切り身を1枚ずつ塩蔵昆布で巻き、ラップなどで包んで冷蔵庫へ。
2 1日半から2日ほどで取り出し、焼き魚にする。

＊使い終わった昆布は塩抜きして他の料理に使う。

昆布の味噌漬け

冷蔵庫のない時代からの保存食。
漁師さんのごはんの友。

材料とつくり方

塩蔵昆布、味噌、酒、みりん

1 昆布は20cmくらいの長さに切り、塩抜きしておく（P27参照）。
2 味噌を酒とみりんで溶いてゆるゆるの状態にし、棒状に巻いた1を漬けこむ。ひと晩で食べられる。食べやすい大きさに切って器に盛る。

A

結び昆布の煮もの2種

どこの家でもつくる定番料理。
寄り合いのときは大鍋いっぱい煮ます。

A シンプルな煮もの

材料とつくり方

塩蔵昆布、水、みりん、めんつゆ、砂糖

1 昆布はぬるま湯で洗って、長いまま折りたたんで結び目をつくって切り（P27参照）、たっぷりの湯の中で煮立たせて塩抜きする。これを2～3回くり返す。
2 鍋に水、みりん、めんつゆ、砂糖を煮立たせ、1を入れて10分煮る。
（めんつゆの代わりに、しょうゆ・砂糖・酒で好みの味にしてもよい）

B

B ゆで帆立入り

材料とつくり方

Aの材料＋ゆで帆立

ゆで帆立は煮ものが完成する直前に入れてからめ、数分煮る。

豊かな恵みの海「三陸」

片山知史（東北大学大学院農学研究科教授）

三陸は、魚介類や海藻など海の生物を生み育てる力が大きい、世界有数の海です。

三陸沿岸には多種多様な魚やアワビ、ウニ、タコ、ナマコなどが豊富に生息し、繁茂した海藻は、産卵場所や隠れ家、餌ともなります。ワカメやコンブ、ノリなどの海藻や、ホタテやマガキ、ホヤなど貝類の養殖も盛んで、三陸の沿岸漁業生産の3割を超えます。いずれも海の養分で育つ「無給餌養殖」で、天然のものとの違いはありません。

震災後、漁船や資材も整わない中、マガキ養殖が開始され、半年で収穫できるワカメは、翌年春には例年並みの生産量をあげました。漁業をあきらめる雰囲気だった浜に、これからも海で生きるための道筋を示し、希望を与えたのが養殖漁業でした。

沖合には、サンマ、カツオ、サバ、イワシなどの回遊魚やイカが餌を求めて押し寄せ、サケが北の海から生まれた川をめざして帰ってきます。底の方には、カレイやタラなどの大きな漁場もあります。

この豊かさは、三陸が養分たっぷりの海であることの証です。魚は動物性プランクトンを食べ、動物性プランクトンは植物性プランクトンを食べ、植物性プランクトンや海藻は、栄養塩（窒素、リン酸など）や、鉄などのミネラルを養分として育ちます。

養分の供給源のひとつは、千島列島沖を南下する寒流「親潮」です。海水に含まれる栄養塩は、冷たい海流に圧倒的に多く、南からの暖流「黒潮」とぶつかる三陸沖の「混合域」では、プランクトンが湧くように発生して魚を養っています。

もうひとつの供給源は海に注ぐ真《ま》水《みず》です。岩手県宮古から宮城県石巻の牡鹿半島にかけては、海岸線が鋸の刃のように複雑に入り組み、背後に山が迫る三陸リアス式海岸です。入り江や湾に注ぐ大小の河川が、山々から栄養塩やミネラルを運んできます。

福島第一原発事故によって放出されたセシウムは、海流の関係から、牡鹿半島を超えて三陸沿岸に至ることはほとんどありませんでした。しかし大海原に拡散して海底深く沈み、消滅したわけではありません。

海に囲まれた島国に暮らす私たちは、太古の昔から、多くの食料を海から得てきました。漁業は生態系の復元力を利用した、理想的な食料生産システムです。人間が海を汚さず、生物生産力を超えずに獲る限り、永続的に得ることができる食料なのです。

1966年生まれ。専門は水産資源生態学、沿岸資源学。三陸でフィールド調査・研究を行う。著書に『水産海洋学入門　海洋生物資源の持続的利用』（共著）、『魚と放射能汚染』『東日本大震災　復興の検証』（共著）など。

わかめと昆布
みんなのレシピ

もっと料理法を知りたいという声に
全国各地から寄せられた、
婦人之友や明日の友読者のみなさん、プロの料理人、
高校生や大学生など多くの方々の
バラエティ豊かなレシピです。

塩蔵わかめ、塩蔵昆布 基本の扱い方

塩蔵わかめや塩蔵昆布の調理のポイントは、つくる料理に合わせて上手に塩抜きすること。ちょっとしたコツを知ることで、短時間で簡単に調理ができます。

保存の共通ポイント

- 低温を保ち、空気や光に触れないよう密閉袋などに入れる。
- 1～2カ月なら冷蔵庫で。長期保存は冷凍庫で。

＊1年間はおいしく食べられますが、保存の仕方が悪いと劣化が進みます。

塩抜きの共通ポイント

- 最初に流水または水を張ったボウルの中でもみ洗いをする。これだけで塩は半分抜ける。
- 浸ける水は、わかめや昆布50gに対し1ℓが目安。
- 食べて、やや塩けを感じるくらいに塩分を残すとおいしい。

わかめ

塩抜きすると、かさが2.5倍～3倍になり美しい緑色に。肉厚でハリのある様子がわかります。熱を加えても煮溶けないので、サラダや和えもの以外にも幅広い料理に使えます。

茎わかめ

塩抜きすると、ふっくら厚みが増し、かさは約2倍になります。わかめの芯の部分で、栄養も旨みもたっぷり。独特の歯ごたえが人気です。

昆布

塩抜きすると、ギュッと縮んでいたのが大きく広がり、かさは約3倍になります。野菜感覚で丸ごと食べられ、火も通りやすく調理時間がかかりません。

＊上写真のわかめや昆布は、すべて50gずつです。

わかめ

塩蔵わかめは扱い慣れている人も多いと思いますが、ここでは塩抜きの方法と、塩抜きしない方法、毎日使う工夫をご紹介します。

〈 塩抜き 〉

1 もみ洗いする

たっぷりの流水またはボウルの中で、一度もみ洗いして水を捨てます。

2 水に浸ける

1ℓの水(50gの場合)に3～4分浸ければ、よい具合に塩が抜けます。料理に合わせてきざみます。

〈 塩抜きなし 〉

塩けを生かすおにぎりや混ぜごはんの場合、さっと洗って固く絞り、そのまま細かくきざみます。

〈 毎日使う工夫 〉

毎日のように使うわかめは、1週間分の量を7～8cm長さに切って容器に入れ、冷蔵しておくとすぐ使えます。

〈 見分け方 〉

左右の塩蔵わかめ(塩抜き前)は同じ重さです。脱水を十分にしてある塩蔵わかめは塩がほとんど見えません(左が十三浜のわかめ)。市販品の中には、塩蔵した上にさらに塩をまぶしたものもあります。この塩があまりに多いものは、内容量の割に、葉肉が薄かったり正味量が少ない場合もあるので注意を。

茎わかめ

茎わかめは厚みがあるため、塩抜きにはやや時間がかかります。料理に合わせて、最初に切ってから塩抜きすると、比較的早く塩分が抜けます。

〈 塩抜き 〉

切らない状態で

50gの場合、最初にもみ洗いしてから1ℓの水に約30分浸けると塩が抜けます。

細く裂いてから

50gの場合、最初にもみ洗いしてから1ℓの水に約15分浸けると塩が抜けます。

〈 切り方 〉

包丁で切る

茎の上下で幅が違うので、幅の広い部分は細い部分にそろえて切ります。

剣山で裂く

十三浜の漁師さんの方法です。茎わかめの端を押さえ、剣山に通して斜め上に引くようにすると、細く裂けます。フォークでもできますが、やや太くなります。

手で裂く

爪で端を裂き、そのまま広げるようにして裂き、食べやすい長さに切ります。

昆布

切ってから水に浸けたり、結び昆布は結んだ後で湯通しして塩抜きするとよいでしょう。わかめや茎わかめと違い、塩抜きをするとぬめりが出て、やや扱いにくくなります。

〈 せん切りの工夫 〉

巻いて切る

塩抜きする前に、くるくる巻いてからせん切りにするときざみやすくなります。

〈 塩抜き 〉

水に浸ける

50g の場合、最初にもみ洗いしてから水を替え、1ℓの水に 20 ～ 30 分浸けると塩が抜けます。せん切りにした場合は、同様にして約 10 ～ 15 分。100g の場合は 2ℓの水で。

湯通しする

結び昆布は、結び目の塩が抜けにくいので、熱湯で湯通しします。沸とうした湯に結んだ昆布を入れて、ひと煮立ちしたらゆでこぼし、1～2度湯を替えてくり返します。

〈 結び昆布のつくり方 〉

① 折りたたむ

小さめの結び昆布をつくる場合、塩蔵のまま、まず縦に数等分に折りたたみます。

② 結ぶ

端から結び目をつくり、5cm ほど間隔をあけながら連続して結びます。きつく結ぶと、結び目の塩が抜けにくいので、ふんわり結ぶのがポイント。

③ 結んだ昆布

大きくしたい場合は昆布の幅でそのまま結び、小さくしたい場合は幅を縦半分に切ったり、①のように折りたたみます。結び目の間を切ります。

みんなのわかめレシピ

十三浜の肉厚なわかめは歯ごたえがあり、多少煮こんでも煮崩れることがありません。
食卓の主役にも脇役にもなるヘルシーなわかめ料理を、毎日の食卓にぜひ。

わかめとベーコンのオムレツ

シャキシャキしたわかめと卵の相性が抜群。
わかめを塩抜きしすぎず使えば調味料いらず。
マヨネーズで炒めると味にコクが生まれます。

材料・オムレツ２人分

卵 — 3個
塩蔵わかめ — 10g
ベーコン（薄切り）— 15g
マヨネーズ — 大さじ１～$1\frac{1}{2}$
イタリアンパセリ — 適量
ラディッシュ — 適量

つくり方

1　わかめは、塩けとシャキシャキ感が残る程度に、軽く塩抜きする。
2　1とベーコンを1cm幅にきざむ。ボウルに卵を割りほぐす。
3　フライパンにマヨネーズを熱してベーコンを炒め、わかめを加える。
4　溶き卵をまわしかけて軽く混ぜ、卵が半熟になってきたらフライパンをゆすり、奥から手前に返して形をととのえる。フライパンにお皿をかぶせてひっくり返す。
5　つけ合わせの野菜を適宜切って添える。

わかめ入りチャーハン

隠し味は梅干し。さっぱりとした味わいで
わかめの香りが食欲をそそります。

材料 4 人分

ごはん — 600g
塩蔵わかめ — 40g
人参 — 100g
ピーマン — 2個
小女子 — 20g
サラダ油 — 大さじ 2
梅干し — 2個
白いりごま — 大さじ 4
しょうゆ — 大さじ 1 ½

つくり方

1 わかめは塩抜きしてザルに上げ、水けをきって粗みじん切りにする。
2 人参、ピーマンは粗みじん切り。梅干しは種を取り、包丁で叩いておく。
3 フライパンに油大さじ 1 を熱し、人参をよく炒め、ピーマン、小女子を入れて炒める。残りの油大さじ 1 を入れ、**1**、梅干し、ごはんを加えてさらに炒める。
4 鍋肌からしょうゆをまわし入れて全体をよく混ぜ、白いりごまをふってでき上がり。

韓国風わかめと牛肉のスープ

韓国の人が大好きなわかめのスープ。
にんにくが効いて元気になる味です。

材料 4 ～ 6 人分

塩蔵わかめ — 40g
牛肉薄切り — 100g
ごま油 — 大さじ 1 ～ 2
おろしにんにく — 適量
しょうゆ — 大さじ 1
水 — 6 カップ
長ねぎ (小口切り) — 80g
塩、こしょう — 各少々
白いりごま (またはすりごま)
— 適量

つくり方

1 わかめは塩抜きして 2 ～ 3cm 幅に切る。牛肉は細切りにする。
2 鍋を熱してごま油をひき、牛肉とおろしにんにくを炒め、わかめとしょうゆを入れ、さらに炒めてから水を注ぐ。
3 沸とうしたら弱火にしてアクを取る。
4 塩、こしょうで味をととのえ、長ねぎを入れて火を止める。
5 器に注ぎ、仕上げに白いりごまをひねって (またはすりごま) ちらす。

どっさりわかめの
ごま油炒め

わかめだけをシンプルに味わうひと皿。
ごま油とごまがよい香り。

材料・つくりやすい分量

塩蔵わかめ — 50g
ごま油 — 大さじ 1
白いりごま — 大さじ 1 強

つくり方

1 わかめは軽く塩を抜き、キッチンペーパーなどで水けをていねいにふき取ってひと口大に切る。
2 フライパンにごま油を熱し、1 を入れて 2 ～ 3 分炒める。白いりごまを加えてさっと混ぜる。塩味が足りないようなら、塩(分量外)を加えて混ぜ、火を止める。

わかめ入り磯ラーメン

岩手県釜石市の名物料理をわかめたっぷりにアレンジ。
海の幸をふんだんに盛りこんだ贅沢な味です。

材料 4 人分

中華めん — 4 玉
塩蔵わかめ — 40g
あさり — 100g
蒸し帆立 — 4 個
いか(胴の部分) — 1 パイ
長ねぎ — 40g
〔スープ〕
水 — 1.6 ℓ
顆粒鶏がらスープ — 大さじ 2 強
塩 — 小さじ 1

つくり方

1 わかめは塩抜きして、ひと口大に切る。
2 あさりは砂抜きし、いかは格子状に切れ目を入れて食べやすい大きさに切る。長ねぎは白髪ねぎにしておく。
3 スープをつくる。鍋に水と鶏がらスープ、塩を入れて沸とうさせ、いか、帆立を入れ、あさりを加えて口が開いたら味をととのえる。
4 たっぷりの湯で中華めんをゆでて湯きりし、器に盛ってスープを注ぐ。わかめ、あさり、いか、帆立をきれいに盛りつけ、白髪ねぎをのせる。

わかめ、玉ねぎ、さつまいものかき揚げ

さつまいもとわかめは相性抜群。
ほっくり、さくさく、食べごたえのある一品です。

材料 4 人分

塩蔵わかめ — 20g
さつまいも — 小 1 本
玉ねぎ — 70g
小麦粉 — 1 カップ
溶き卵 — 1 個分
冷水、揚げ油 — 各適量
しし唐辛子 — 適量
天つゆ、大根おろし、
岩塩 — 各適量

つくり方

1 わかめは塩抜きして水けをきり、細かめのざく切りにする。
2 さつまいもは約 1cm 角に切り、水にさらしてアク抜きし、水けをふき取る。玉ねぎは 1cm 角に切る。
3 1 と 2 をすべて合わせ、小麦粉(分量外)を軽くふっておく。
4 ボウルに小麦粉、溶き卵、冷水をさっくり混ぜてゆるい衣をつくり、3 も入れて混ぜ合わせる。
5 揚げ油を 170℃に熱し、スプーンなどで 4 を落としてカラリと揚げる。しし唐辛子は縦に切り目を入れ、素揚げする。天つゆと大根おろしや、岩塩などでいただく。

若竹煮

春に採れる筍とわかめで、伝統的な若竹煮に。
だしをきかせてしっかり味をふくませます。

材料 4人分

ゆで筍 — 400g
塩蔵わかめ — 40g
だし — 500ml
みりん — 大さじ3
しょうゆ（うす口）— 大さじ3
木の芽 — 適量

つくり方

1 筍は、穂先は長さ5cmくらいを縦に放射状に切り、ほかの部分は4〜5mm厚さの半月切り、またはいちょう切りにする。
2 わかめは塩抜きし、3cm幅に切る。
3 だしに調味料を入れて火にかけ、ひと煮立ちしたら**1**を入れ、落としぶたをして弱火で約30分煮ふくめる。
4 **2**を加えてひと煮立ちさせ、火を止める。落としぶたをはずし、ふたをして味をふくませる。
5 器に盛り、木の芽をあしらう。

わかめとあさりのオリーブオイルパスタ

あさりとにんにくの旨みがわかめを引き立てる、
おとなも子どもも大好きなパスタ。

材料4人分

スパゲッティー（乾）— 320g
塩蔵わかめ — 60g
あさり — 160g
しめじ — 160g
にんにく — 2片
オリーブオイル — 大さじ2
塩 — 小さじ1弱
こしょう — 少々
酒 — 大さじ2

つくり方

1 わかめは塩抜きしてひと口大に切り、あさりは砂抜きする。しめじは食べやすくほぐし、にんにくはみじん切りにする。
2 たっぷりの湯を沸かし、スパゲッティーをゆで始める。
3 フライパンに、オリーブオイル大さじ1とにんにくを入れて火にかけ、香りを出す。
4 しめじを入れて炒め、塩、こしょうで味つけする。
5 わかめを加えて炒め、あさりを入れて酒をふり、ふたをして蒸し煮にする。
6 あさりの口が開いたら、残りのオリーブオイルをふる。
7 6にゆで上がったパスタを加える。ゆで汁を少量加えて、味をととのえる。

じゃがいもとわかめのバター煮

しょうゆ味の煮ものにひとかけのバター。
こっくりとした甘辛さは、くり返し食べたくなる味わいです。

材料・つくりやすい分量

塩蔵わかめ — 20g
じゃがいも — 300g
砂糖 — 大さじ 1
しょうゆ — 大さじ 1
みりん — 大さじ 1
酒 — 大さじ 1
バター — 10g

つくり方

1　わかめは塩抜きしてざく切りにする。
2　じゃがいもは大きめに切り、ひたひたの水を入れて火にかけ、沸とうしたら調味料を加えて弱火で煮こむ。
3　煮汁が$\frac{1}{3}$ほどになってじゃがいもに竹串がすっと通ったら、1とバターを加え、ひと煮立ちさせて火を止める。

＊新じゃがの季節は、皮つきのじゃがいもを丸ごと使うとおいしい。

わかめのポークチャップスープ

ほろりと煮溶けたじゃがいもや、卵が入って栄養満点。
体の芯から温まるやさしい味のスープ。

材料 4人分

塩蔵わかめ — 20g
じゃがいも（男爵）
　— 大2個
玉ねぎ — 中1個
豚バラ肉薄切り — 300g
にんにく — 1片
水 — 500ml
酒 — 大さじ3
しょうゆ — 大さじ2 ½
トマトケチャップ
　— 大さじ3
卵 — 4個
塩、こしょう — 各少々

つくり方

1. わかめは塩抜きし、2～3cm幅に切る。
2. じゃがいもは1cm角、玉ねぎはくし切り、豚肉は3cm幅、にんにくは薄切りにする。
3. じゃがいもと玉ねぎを鍋に入れ、水を注いで火にかけ、じゃがいもが柔らかくなるまで煮る。
4. 3に豚肉、酒、にんにく、しょうゆ、ケチャップを加えて少し煮こむ。じゃがいもが煮溶けてほろりとしてきたら、1を入れて塩、こしょうで味をととのえる。
5. 鍋に卵を落とし、ふたをして半熟になるまで煮る。

キャベツのわかめロール

ポン酢

味噌マヨネーズ

キャベツとわかめのコントラストが鮮やか。
2種類のたれで味の変化も楽しんで。

材料・つくりやすい分量

塩蔵わかめ — 20g
キャベツの葉 — 2 ～ 3枚
削り節 — 適量

たれ

〔ポン酢〕
ポン酢 — 大さじ3

〔味噌マヨネーズ〕
マヨネーズ — 大さじ4
味噌 — 大さじ1
すりごま — 大さじ½

つくり方

1 わかめは軽く塩抜きする。
2 キャベツの葉はさっとゆでて芯を取り、水けをふいて広げる。
3 2の手前に、水けをよくふいたわかめを長いまま適量のせ、巻きずしのようにくるくる巻く。上からキッチンペーパーを巻いて水けをしぼり、ラップできつめに巻いて、そのまま冷蔵庫に15分おく。
4 包みを開き、2 ～ 3cm長さに切って器に盛る。ポン酢か味噌マヨネーズをつけていただく。好みで削り節をかけてもよい。

わかめと鶏ささみのサラダ

玉ねぎとわかめの
帆立ドレッシング

わかめと人参と枝豆のサラダ

玉ねぎとわかめの帆立ドレッシング

帆立缶をまるごと使って味わい豊かなサラダに。

材料・つくりやすい分量

塩蔵わかめ — 20g
玉ねぎ — 大½個
オクラ — 1～2本
〔帆立ドレッシング〕
帆立缶 — 1缶(70g)
おろしにんにく — 1片分
オリーブオイル・塩・こしょう — 各適量

つくり方

1 わかめは塩抜きしてざく切りにする。玉ねぎはスライスして水にさらす。オクラはさっとゆでて小口切りにする。
2 帆立缶を汁ごとボウルに入れ、ドレッシングの材料をすべて合わせて混ぜる。
3 玉ねぎとわかめの水けをきり、オクラも一緒に和えてから器に盛り、2をかける。

わかめと鶏ささみのサラダ

香ばしく焼いたささみと夏野菜を合わせて、さっぱりと食べやすい副菜に。

材料・つくりやすい分量

塩蔵わかめ — 20g
鶏ささみ肉 — 3本
きゅうり — 2本
トマト — 中1個
酢じょうゆ — 適量
ごま油 — 適量

つくり方

1 わかめは塩抜きし、サッと熱湯にくぐらせて水にとり、食べやすい大きさに切る。
2 ささみは、フライパンで少し焦げ目がつくくらいに焼き、食べやすい大きさに裂く。
3 きゅうりは薄切りにし、軽く塩(分量外)をしてしぼる。トマトは1.5cm角に切る。
4 すべての材料を混ぜ合わせ、酢じょうゆで和え、ごま油をふる。

わかめと人参と枝豆のサラダ

人参と枝豆を合わせて彩りがきれい。栄養バランスもよいひと皿です。

材料・つくりやすい分量

塩蔵わかめ — 30g
人参 — 90g
枝豆 — さやから出して50～100g
しょうゆ — 大さじ1～2
ごま油またはオリーブオイル — 適量
酢 — 小さじ1

つくり方

1 わかめは塩抜きしてから、ひと口大に切る。
2 人参はせん切りにして、塩少々(分量外)をふってしぼる。枝豆はゆでてさやから出す。
3 1と2を合わせ、しょうゆと好みのオイル、酢を入れて混ぜ、30分ほどおいてからいただく。

わかめの酢のもの

まろやかな味なので
酢が苦手な子どももパクパク食べられます。

材料・つくりやすい分量

塩蔵わかめ — 20g
しめじ — 60g
大根 — 70g
桜えび — 10g

〔合わせ酢〕
酢 — 大さじ2
砂糖 — 大さじ2強
塩 — 少々
だし汁 — 大さじ1

つくり方

1 わかめは塩抜きして食べやすい大きさに切る。大根はせん切りに、しめじは石づきを取ってほぐし、さっと湯通しする。桜えびはから炒りする。
2 合わせ酢をつくり、1とよく和える。

わかめとセロリの土佐酢

さわやかな香りが口の中に広がる
ヘルシーな箸休め。

材料・つくりやすい分量

塩蔵わかめ — 40g
セロリ — 1本

〔土佐酢〕
酢 — ½カップ
砂糖 — 大さじ1
塩 — 小さじ½
しょうゆ — 小さじ1
みりん — 小さじ1
だし汁 — 大さじ5

つくり方

1 わかめは塩抜きし、水けをきってひと口大に切る。
2 セロリは筋を取って4cm長さに切り、繊維にそって薄切り、先の細い部分は小口切りにし、水に放す。
3 土佐酢の調味料を合わせておく。
4 2の水けをきり、1と一緒に土佐酢につける。1時間後から食べられるが、数時間おくと味がなじんでおいしい。

ピーマンとわかめの炒り煮

ピーマンとわかめの香りが食欲を刺激。
彩りもよいのでお弁当にもおすすめです。

材料・つくりやすい分量

塩蔵わかめ — 40g
ピーマン — 4個
生姜 — 適量
ごま油 — 小さじ２
しょうゆ — 大さじ１
みりん — 小さじ２
酒 — 小さじ２

つくり方

1 わかめは塩抜きして１～1.5cm幅に切る。ピーマンは5mm幅に、生姜はせん切りにする。
2 鍋にごま油を入れて温め、生姜を炒めて香りが出たら中火にし、ピーマン、わかめの順に炒め、しょうゆ、みりん、酒を加えて、汁けがなくなるまで炒り煮にする。

＊白いりごまをふってもおいしい。

わかめときゅうりのナムル

ごま油と赤唐辛子が効いた韓国風の和えもの。
パンチのある味で、ごはんがすすみます。

材料・つくりやすい分量

塩蔵わかめ — 20g
きゅうり — ２本
〔たれ〕
しょうゆ — 大さじ２
砂糖 — 大さじ２
白いりごま — 小さじ２
酢 — 小さじ１½
ごま油 — 大さじ1
長ねぎの小口切り — 大さじ1
にんにく — 少々
赤唐辛子 — 1本

つくり方

1 わかめは塩抜きし、水けをきって、ひと口大に切る。
2 きゅうりはひと口大の乱切りにする。
3 にんにくはみじん切り、赤唐辛子は種を取って小口切りに。
4 たれの材料をすべて合わせて混ぜ、食べる直前に**1**と**2**を加えて和える。

みんなの茎わかめレシピ

茎わかめは、厚みがあってコリコリとした歯ごたえが特徴です。
佃煮はもちろん、ピクルスや中華風の炒めもの、パスタなど意外なメニューにもよく合います。

茎わかめの海苔巻き２種

茎わかめを芯にした海苔巻き。甘辛茎わかめをつくれば
シンプルな細巻きもいろどりのよい太巻きも、手軽にでき上がります。
ここでは普通のごはんを使いましたが、好みで酢飯でも。

《 甘辛茎わかめ 》

材料・つくりやすい分量

塩蔵茎わかめ — 100g
〔たれ〕
しょうゆ — 1カップ
砂糖 — 200 ～ 300g
生姜せん切り — 適量

つくり方

1　茎わかめを塩抜きする。
2　たれの調味料をすべて合わせ、ひと煮立ちさせて冷ます。
3　2に1を長いまま漬けて、ひと晩冷蔵庫におく。

＊急ぐ場合は火にかけて15分ほど煮るとすぐに食べられる。
＊茎わかめを漬けたたれは冷蔵保存しておくと、何度も使えて便利。

《 細巻き 》

材料１本分

ごはん — カップ1杯弱
甘辛茎わかめ — 20cm×2～3本
焼き海苔 — ½枚

《 太巻き 》

材料１本分

ごはん — カップ1杯
甘辛茎わかめ — 20cm×1 ～ 2本
きゅうり — ¼本
（塩でもむか、浅漬けのきゅうり）
卵焼き — 卵3個、砂糖大さじ1、だし汁大さじ2を加えて焼き、棒状に切って好みの量を使う。
甘酢生姜 — 適量
焼き海苔 — 1枚

細巻き、太巻きのつくり方

1　巻き簾《す》に焼き海苔をのせ、海苔の上端を1cmほど残して、ごはんを全体に薄く広げる。
2　手前⅓くらいのところに横一列に具をのせる。茎わかめが太いようなら縦に裂いておく。包みこむように手前から巻き、ぎゅっと押さえて形をととのえる。
3　食べやすい長さに切り分ける。

麻婆茎わかめごはん

茎わかめの食感がアクセントになった、香味野菜たっぷりのピリ辛ごはん。

材料 4 ～ 5 人分

塩蔵茎わかめ — 50g
木綿豆腐 — 1丁
豚ひき肉 — 100g
長ねぎ — 30g
セロリ — 30g
ニラ — ½束
にんにく — 1片
生姜 — 25g
サラダ油 — 大さじ 2

A
豆板醤 — 大さじ½
豆豉 — 小さじ1

B
酒 — 大さじ 2
オイスターソース — 大さじ½
しょうゆ — 大さじ1
こしょう — 少々
砂糖 — 大さじ½
水 — 100ml

粒山椒 — 小さじ1
ごま油 — 大さじ1
ごはん — 茶碗 4 ～ 5 杯

つくり方

1 茎わかめは 2cm 長さに切って塩抜きする。
2 長ねぎ、セロリ、ニラ、にんにく、生姜はすべてみじん切りにする。
3 粒山椒は粗くきざんでおく。豆腐は水きりし、2 ～ 3cm の角切りにする。
4 フライパンにサラダ油を熱し、2 を軽く炒めて香りが出たら、A と豚ひき肉を入れる。
5 豚肉の色が変わったらBを入れ、2～3分煮る。
6 山椒、ごま油、1を入れてさらに2～3分炒める。最後に豆腐を入れ、火が通ったらでき上がり。ごはんにかけていただく。

茎わかめ入りクスクス

クスクスは世界最小の粒状パスタ。茎わかめの旨みとつぶつぶ感を楽しんで。

材料・つくりやすい分量

塩蔵茎わかめ — 1本(50gくらい)
クスクス(乾) — ½カップ
熱湯 — 75ml
オリーブオイル — 大さじ1
赤パプリカ — ½個
パセリのみじん切り — 大さじ1½
塩、こしょう — 各少々
レモン — 適量

つくり方

1. 大きめの耐熱ボウルにクスクスを入れて熱湯を注ぎ、オリーブオイルも入れてラップをしておく。
2. 茎わかめは2〜3本に裂き7〜8mm角に切ってから塩抜きし、水けをきる。
3. パプリカは5mm角に切る。
4. 1のボウルに2と3を入れて混ぜ、塩、こしょうで味つけしてから、ふんわりラップをして電子レンジ(600w)に2分ほどかける。
5. 熱いうちにパセリのみじん切りを混ぜ、器に盛ってレモンのくし切りを添える。

茎わかめとカキのアヒージョ

にんにく入りオイルでカキと茎わかめを煮こむ、スペイン風の一皿です。

材料・つくりやすい分量

塩蔵茎わかめ — 30g
生カキ — 400g
塩 — 小さじ½
こしょう — 少々
しめじ — 1パック
にんにく — 2片
赤唐辛子 — 3本
サラダ油 — 75ml
オリーブオイル — 75ml
パセリのみじん切り — 大さじ2
バゲット — 適量

つくり方

1 茎わかめは何度か水を替えながら塩抜きし、3cm長さに切る。
2 カキはよく洗って水けをきり、キッチンペーパーでふき、塩、こしょうしてもんでおく。
3 しめじは小房に分け、にんにくは薄切り、赤唐辛子は種を取っておく。
4 フライパンににんにく、赤唐辛子、サラダ油、オリーブオイルを入れて弱火にかけ、にんにくが薄く色づくまで、7～8分ゆっくり加熱する。
5 4の中に1、2、しめじを入れ、中火で10分ほど煮る。
6 火を止めて、パセリをかけてひと混ぜする。薄く切ったバゲットを添えていただく。
＊フライパンに残ったオイルは、パスタなどに使うとよい。

茎わかめの佃煮

ごはんがすすむ甘辛い佃煮。
お弁当や箸休めにも。

材料・つくりやすい分量

塩蔵茎わかめ — 200g
生姜のすりおろし — 大さじ1
しょうゆ — 50ml
砂糖 — 60g
酒 — 25ml
みりん — 25ml
水 — 30ml

つくり方

1 茎わかめは7mm幅の斜め切りにして、一度洗ってから塩抜きする。
2 鍋に調味料と水、生姜のすりおろしを入れて1を加え、沸とうしたら中火の弱にして15～20分煮る。密閉容器に入れ、保存は冷蔵庫で。

茎わかめと野菜のピクルス

さわやかな酸味が茎わかめにぴったり。
野菜もたくさん食べられてヘルシーです。

材料・つくりやすい分量

塩蔵茎わかめ — 60g
季節の野菜（きゅうり、人参、大根、セロリなど）— 200g
〔ピクルス液〕
酢 — 100ml　砂糖 — 50g

つくり方

1 茎わかめは水を替えながら15～30分、塩分を少し残す程度に抜き、5cm長さに切る。季節の野菜も同じ長さのスティック状にする。
2 ピクルス液を沸とうさせて粗熱を取る。
3 密閉袋や保存容器などに1を入れて2を注ぎ、味をみて塩分が足りないようなら加え、冷蔵庫で半日漬ける。

＊びんで漬ける場合、ピクルス液の分量を少し多めにするとよい。

料理のプロのレシピ

素材が上等だからこそ どーんとダイナミックに味わいたいですね。

本谷惠津子さん
（料理研究家）

十三浜のわかめと昆布は、しっかりしていてとても上等です。見た目も美しく、どうしたらこんなにきれいに育つのかと驚くほど。多少煮こんでも、わかめは煮溶けないし、昆布も見ばえが悪くなりません。

特におもしろいと思ったのは茎わかめ。ナポリで食べた海藻のテリーヌを思い出し、試行錯誤の末にレシピができ上がりました。

夫の母が金沢の人だったので、わが家は昆布ですべてのおだしをとっていました。いつも昆布を浸けた水があり、煮ものはもちろん、ごはんを炊くときにも使うんですよ。

一方、十三浜の昆布は素材そのものを食べて楽しむ昆布。お正月のおせち料理やおもてなしにもぴったりです。

学生時代から家庭料理研究家沢崎梅子さん、後の姑となる料理研究家本谷滋子さんに師事。まとめづくりや手早い料理など、知恵と工夫のつまった台所しごとが好評。『今日も笑顔で台所』『基本の家庭料理 和食篇・洋食編』（共に本社刊）など著書多数。

茎わかめのテリーヌ

材料 16×20cm のバット1枚分

塩蔵茎わかめ — 100g
ツナ缶 — 大1缶（140g）
枝豆（ゆでた豆のみ）— 100g
＊大豆水煮でもよい
A だし — 300ml
しょうゆ、砂糖 — 各大さじ1
粉ゼラチン（ふり入れタイプ）— 10g

つくり方

1 茎わかめはたっぷりの水で1時間ほど塩抜きし、ざく切りにする。
2 鍋に**A**と1、ツナ缶、枝豆を入れて火にかけ、沸とうしたら弱火で5分ほどコトコト煮る。途中、アクを取りのぞく。
3 2に粉ゼラチンをふり入れ、火を止めて全体を混ぜ合わせる。
4 粗熱が取れたら、フードプロセッサーまたはミキサーに入れ、ぶつぶつの食感が少し残る程度に撹拌する。バットに流し入れ、冷蔵庫で3～4時間ほど冷やし固める。
5 4を4～6等分に切って器に盛る。

ナポリの食堂の味を再現した前菜。
何もつけずにそのまま召し上がれ！

生姜ごはん　わかめの吉野あんかけ

磯の風味と生姜の香りが食欲をそそり、食べると体がぽかぽかに。

材料 4 人分

塩蔵わかめ — 25g

帆立貝柱（刺身用）— 4 ～ 6 個

三つ葉 — 1 束（40 ～ 50g）

A
- だし — 2 カップ
- 酒、みりん、しょうゆ — 各大さじ 1

水溶き片栗粉 — 少々

《 生姜ごはん 》

米 — 2 カップ

生姜（せん切り）— 20g

＊生姜は、あれば新生姜

塩 — 小さじ½

つくり方

1 生姜ごはんを炊く。米は洗って普通の水加減にし、塩と生姜を入れて炊く。

2 塩蔵わかめは、水に浸けて塩抜きし、粗くきざむ。帆立貝柱は、縦 4 つ割りにする。三つ葉は 1 ～ 2cm 長さに切る。

3 鍋に A を合わせてわかめを入れ、ひと煮立ちしたら、帆立貝柱、三つ葉を加え、水溶き片栗粉でとろみをつける。

4 器にほぐした 1 を盛り、熱々の 3 をかけていただく。

昆布と手羽中の中国風煮もの

大胆に結んだ昆布の煮ものは旨みたっぷり。おもてなし料理にもおすすめです。

材料 4人分

鶏手羽中 — 12本
塩蔵昆布 — 25cm 長さ×6本
干し椎茸 — 4枚
水 — 2カップ
生姜(皮つきで薄切り) — 3 ～ 4枚
ごま油 — 大さじ1
酒 — ¼カップ
しょうゆ — 大さじ2
砂糖、みりん — 各大さじ1

つくり方

1 塩蔵昆布は縦半分に切って全12本(1人3本)にし、洗ってから30分ほど塩抜きして、しっかり結ぶ。
2 干し椎茸は分量の水でもどし、石づきをのぞいて、大きければ半分に切る。もどし汁は取っておく。
3 フライパンにごま油と生姜を入れて火にかけ、手羽中を焼く。おいしそうな焼き色がついたら、酒をふり入れ、アルコール分をとばす。
4 **3**に**1**と**2**、干し椎茸のもどし汁を入れ、落としぶたをして弱火で20分ほど煮る。途中、煮汁が少なくなったら、水を足す。
5 最後に砂糖、みりん、しょうゆを加え、煮汁が少なくなるまで10分ほど煮る。

＊素材の旨みを生かすため、調味料は最後に入れます。

十三浜の海でとれる宝物で この地域全体を 盛り立てたいのです。

横山宗一さん
（「追分温泉」館主）

十三浜と同じ北上町の山あいにある追分温泉の館主で料理長。新鮮な海の幸をふんだんに使った宿の料理にファンも多い。震災直後から8カ月間は、避難所として被災した人たちを受け入れ、十三浜の漁師との絆を深めた。

追分温泉から十三浜へは約8㎞と近く、新鮮な海の幸をお客さまに食べていただくことができます。特にわかめはとてもおいしいので、料理に必ず登場させています。

何より私がうれしいのは「あの漁師さんがあの海で育てているわかめだ」と知っていること。しかもそれが、とびきりおいしいことです。最近は、茎わかめや昆布のおいしさにもようやく気づきました。地元のよさはいつも、外からくる人に教えてもらいます。茎わかめは脇役のイメージでしたが、使ってみるとおもしろい食材です。

わかめや昆布は、三陸の宝物。全国のみなさんに素材のよさを知ってもらって、どんどん地域を盛り上げていきたいですね。

白身魚のわかめあんかけ

材料 4人分

白身魚の切り身 — 4切れ
酒 — ¼カップ
塩 — 小さじ½
クコの実（水でもどす）— 4粒
〔わかめソース〕
　わかめペースト — 大さじ4
　昆布だし — 1カップ
　みりん — 大さじ1
　塩 — 小さじ⅔
　うす口しょうゆ — 少々
　片栗粉 — 大さじ1½

つくり方

1 耐熱容器に白身魚を入れ、酒と塩をふり、蒸し器で15分ほど酒蒸しにする。
2 わかめソースをつくる。小鍋に昆布だしと調味料を入れて火にかけ、片栗粉を同量の水で溶いて入れ、とろみをつける。わかめペーストを加え、泡だて器で素早くかき混ぜ、火を止める。
3 1を器に盛ってわかめソースをかけ、クコの実をあしらう。

わかめペーストのつくり方

塩蔵わかめを流水に1分ほどさらして塩抜きし、ぬるま湯に2分浸けて柔らかめにもどす。水けをふき取ってフードプロセッサーにかけ、なめらかにする。冷蔵庫に保存し、2～3日で使いきる。魚料理のあんかけの他、オムレツや、アイスクリームのソースなどにも。

わかめペースト

わかめペーストで、あんかけも手軽に。
磯の香りあふれる上品なひと皿。

わかめの混ぜごはん

わかめをサッと炒めるひと手間で
コクと風味がプラスされます。

材料 4～5人分

ごはん — 3合分
塩蔵わかめ — 30g
塩 — 小さじ1
砂糖 — 大さじ2
酒 — 少々
サラダ油 — 適量
みょうがの梅酢漬け — 100g
または梅干し — 1～2個

つくり方

1 わかめは塩抜きし、細かく切る。
2 フライパンにサラダ油を熱し、1を炒めて塩、砂糖、酒を加えて味をととのえる。
3 みょうがの梅酢漬けは細かくきざむ。梅干しの場合はちぎる。
4 炊き上がったごはんに2と3を加えてサッと混ぜる。

わかめと海鮮の茶碗蒸し

三陸に伝わるちょっと甘めの茶碗蒸し。
砂糖の量は好みで加減を。

材料 4人分

塩蔵わかめ — 10g
好みの貝（帆立貝柱、つぶ貝、カキ）— 適量
卵（Lサイズ）— 4個
だし（かつお節）— 3カップ
酒 — 40ml
みりん — 40ml
塩 — 小さじ1
うす口しょうゆ — 大さじ1強
砂糖 — 40g

つくり方

1 わかめは塩抜きし、粗くきざむ。
2 帆立貝柱、つぶ貝、カキは、薄口しょうゆ（分量外）を少々ふり、なじませておく。
3 ボウルに卵を溶き、だし、調味料をすべて合わせ、よく混ぜる。
4 器に1と2を4等分して入れ、3を注ぐ。
5 蒸し器の鍋に水を張って沸とうさせ、4を並べて中火の弱で15分ほど蒸す。

茎わかめの梅肉和え

歯ごたえのよい箸休め。
みょうがやきゅうりを加えても。

材料・つくりやすい分量

塩蔵茎わかめ — 100g
梅肉 — 70g
削り節 — 15g

つくり方

1 茎わかめは縦に細く裂いてから塩抜きし、4 〜 5cm 長さに切る。
2 梅肉に削り節を加えて混ぜておく。
3 **1** と **2** を和える。

＊冷蔵庫で 1 カ月ほどもつ。季節の野菜をきざんで加えると、さわやかな一品に。

昆布巻き餃子

昆布の柔らかさを生かし餃子あんを包んで蒸し焼きに。

材料・4本分

塩蔵昆布 — 17〜18cm 長さ4枚
〔具〕
豚ひき肉 — 100g
キャベツ — 100g
ニラ — 15g
白味噌 — 15g
おろしにんにく — 10g
卵 — 1個
片栗粉 — 大さじ2
塩、こしょう — 各少々
サラダ油 — 適量

つくり方

1 昆布は塩抜きする。キャベツとニラはみじん切りにし、具の材料と調味料を合わせて練り、4 等分する。
2 昆布の水けをふき取って広げ、左右各 1.5cm ほど空け、手前端に具をのせて棒状にきつく巻く。巻き終わったら、左右の端を楊枝でとめる。
3 フライパンにサラダ油をひき、**2** を入れて中火で両面を軽く焼き、水約 50ml（分量外）を入れてふたをする。途中水を足しながら 20 分ほど蒸し焼きにする。
4 食べやすい大きさに切り、酢じょうゆなどでいただく。

旨みがあり扱いも簡単、野菜のように昆布を楽しみたいですね。

小関 康さん
（「レストラン パリンカ」店主）

仙台のイタリアンレストラン「パリンカ」のオーナーシェフ。25年前、初めて訪れたフィレンツェでイタリア料理の奥深さに感銘を受け、この道に進むことを決意。地元で採れたものを、愛情こめて料理することを大切にしている。

初めて塩蔵昆布を使いましたが、あっという間に塩抜きできるし、煮てもすぐに柔らかくなる。扱いやすくて驚きました。昆布には「だし」のイメージがありますが、この昆布は、野菜の仲間として素材を楽しむのにふさわしいものです。

　実はイタリア料理には、海藻はあまり使いません。しかし、これならぜひ取り入れてみたいと思い、今回は昆布料理ばかり5品考えてみました。

　いわゆる「だし」を入れなくても、昆布に旨みがあり、チーズやトマトにも旨みがある。自然の旨みを合わせて十分おいしさが引き出せるのもいいですね。これからどんどん使っていきたい素材です。

昆布のアンティパストミスト

《 焦がしパルミジャーノ 》

材料・つくりやすい分量

塩蔵昆布 — 80g
バター — 10g
パルミジャーノ・レジャーノ（粉チーズでもよい） — 適量
ブラックペッパー — 適量

つくり方

1 昆布はざっと洗って水に浸け、軽く塩けが残るくらいに約20分塩抜きする。3cm角に切る。
2 フライパンを熱してバターを溶かし、1を入れて水分をとばしながらじっくり焼く。
3 こんがり焼けたら、パルミジャーノ・レジャーノをすりおろしてふりかけ、香ばしく焼き色がついたらブラックペッパーを挽く（挽き立てがおいしい）。

《 オリーブオイルとアンチョビ 》

材料・つくりやすい分量

塩蔵昆布 — 80g
アンチョビフィレ — 2枚
バジルの葉 — 5～6枚
エキストラバージンオリーブオイル — 大さじ2

つくり方

1 昆布はざっと洗って水に浸け、軽く塩けが残るくらいに約20分塩抜きする。食べやすいサイズの短冊切りにする。
2 アンチョビは包丁で叩いて細かくし、バジルは粗みじん切りにする。
3 材料を全部合わせる。仕上げにバジルの葉を飾ってもよい。

3つのバリエーションで昆布を堪能。
クラッカーやパンにのせておつまみにどうぞ。

《 アラビアータ 》

材料・つくりやすい分量

塩蔵昆布 — 80g
トマトソース — 適量
〔トマトソース〕
トマト水煮缶 — 1缶(400g)
にんにく(薄切り) — 1片
赤唐辛子 — 1本
オリーブオイル — 大さじ2
バジルの葉 — 2〜3枚　塩 — 小さじ½
砂糖 — 小さじ1　水 — 大さじ4

つくり方

1 昆布は6〜7mm幅の細切りにして約20分水に浸け、軽く塩けが残るくらいに塩抜きする。
2 トマトソースをつくる。オリーブオイルを熱して、にんにくと種を取った赤唐辛子を入れ、トマト水煮、塩、砂糖、水、きざんだバジルの葉を入れて、弱火で20〜30分煮る。
3 フライパンに水けをきった1を熱し、2を適量入れて炒める。味をみて、足りないようなら塩をふる。
＊残ったトマトソースはパスタなどに。
＊好みでミニトマトを添える。

昆布のラザニア風

マヨネーズを使うのでとても簡単。見た目も華やかなひと皿です。

材料 2～3人分

塩蔵昆布 — 80g
トマト — 中1個
スライスベーコン — 6枚
ナチュラルチーズ
（シュレッドタイプ）— 40g
卵黄 — 2個分
マヨネーズ — 大さじ4

つくり方

1 昆布はざっと洗って水に約20分浸けて塩抜きし、できるだけ同じ長さの3等分に切る。
2 トマトは薄切りにする。卵黄とマヨネーズを混ぜてソースをつくっておく。
3 すべての材料を3等分にする。オーブントースターの皿にクッキングペーパーをしき、昆布を1枚広げてソースを⅓量ぬり、⅓量のベーコン、トマト、チーズをのせる。3回くり返す。
4 オーブントースターで約10分、焦げめがつくまで焼く。

結び昆布のカチャトーラ

こんがり焼いた鶏肉と昆布がよく合う、レモンの香りのイタリア風炒め煮。

材料 4人分

塩蔵昆布 — 160g
鶏もも肉 — 600g
レモン汁 — ½個分
レモン皮のすりおろし — ½個分
赤ワインビネガー — 50ml
ローズマリー(生) — 適量
ミニトマト、レモン — 好みで
塩、こしょう — 各適量

つくり方

1 昆布は縦半分に切り、結び昆布にして、何度か水を替えて20分ほど塩抜きする。
2 鶏もも肉は塩、こしょうして、フライパンで皮目からカリッときつね色に焼く。焼き上がったらひと口大に切る。
3 2のフライパンに鶏肉と昆布を入れ、中火にかけて赤ワインビネガー、レモン汁、レモン皮のすりおろし、3～4cm長さに切ったローズマリーを入れて軽く炒める。
4 水分がとんだら水約50ml(分量外)を加える。フライパンについた旨みを、肉と昆布にとじこめるように水分がなくなるまで煮て、味をととのえる。
5 好みでミニトマトやスライスレモンを添える。

Q&A

もっと知りたい海藻のこと

山口敏康（東北大学大学院農学研究科准教授）

有用な食資源として、世界からも注目される海藻。海藻食文化の伝統を持つ国に暮らしながら、意外に知らない特徴や栄養について聞きました。

南北に長く複雑な海岸線を持つ日本列島の沿岸には、多種多様な海藻が自生しており、はるか昔から食料にしてきました。天日に干せば軽くなり運ぶのも容易で、海から離れた内陸の山間部でも、産地から遠い地域でも食べることができました。食料だけでなく、畑の肥料や糊などとしても有効利用されました。

日本は恵まれた海の環境と、漁労に携わる人々の存在を背景に、1000年以上にわたって海藻を食してきた、世界でも珍しい“海藻食文化”の伝統を持つ国です。近年、世界的にも海藻が健康によい食料として注目され、海の雑草“seaweed”から、海の野菜“sea vegetables”と呼ばれるように変わってきています。

Q　海藻と野菜はどう違いますか？

A　海藻は海中で生活する藻類で、葉、茎、根のはっきりした違いがなく、体全体で養分を吸収し、花も咲かせません。そのため、陸上の植物である野菜にはない成分を持っています。色の違いで紅藻《こうそう》類、褐藻《かっそう》類、緑藻《りょくそう》類などに分類され、わかめも昆布も褐藻類コンブ目に属する大型海藻です。

Q　海藻から摂取できるおもな栄養成分にはどんなものがありますか？

A　ミネラル、食物繊維、ビタミンが豊富な点が海藻の特徴です。ミネラルの中でも必須微量元素であるヨウ素は、食品中では海藻がトップクラスで、昆布やわかめ

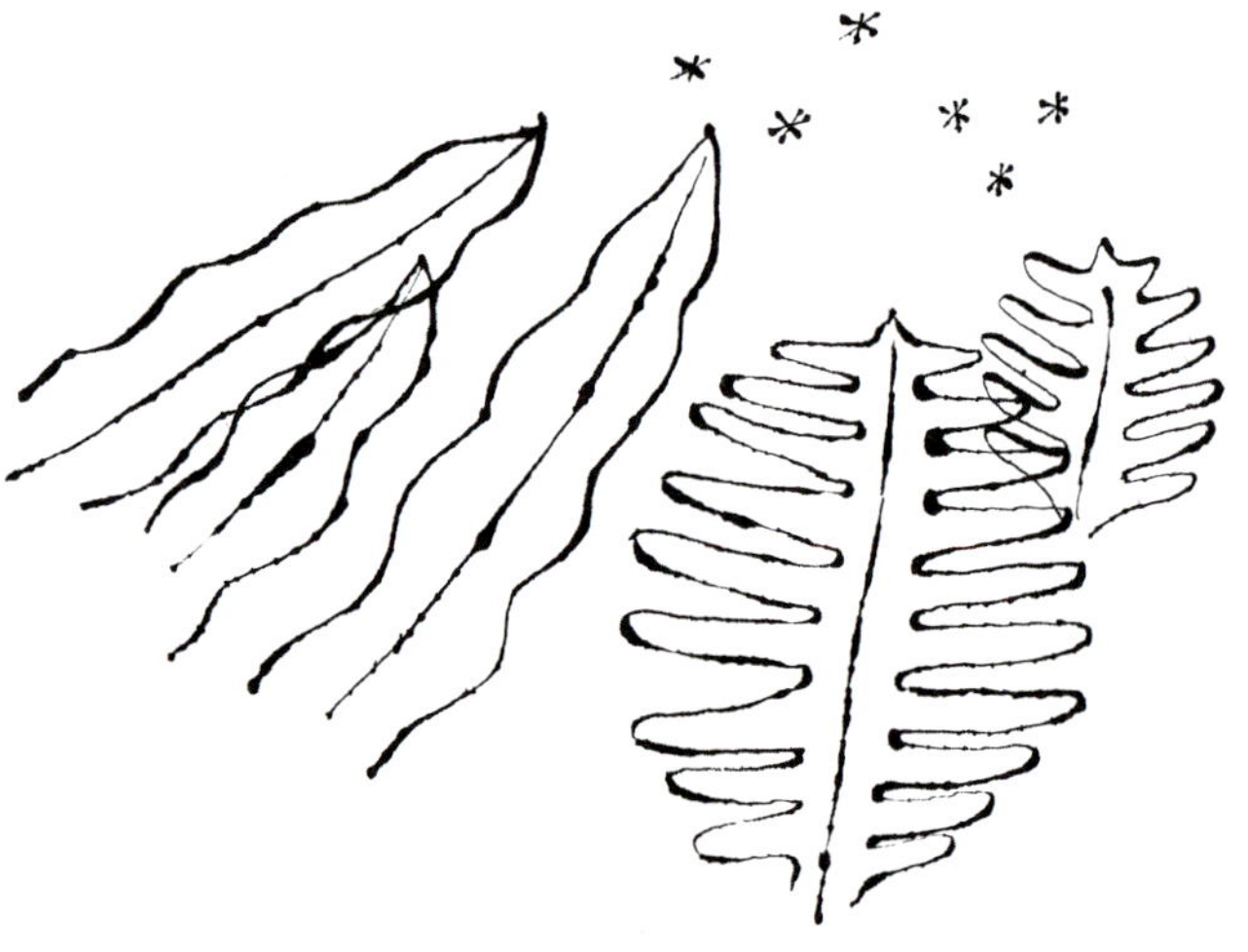

1954生まれ。専門は水産資源化学。「海の恵みの有効利用」をテーマに、私たちの食生活に関わる身近な海の生物の有効性を深めるとともに、未利用生物に関する研究も行う。

に豊富です。また、アルギン酸、フコイダン、ラミナランなどの多糖類（水溶性食物繊維）も海藻に特有のものです。

Q 海藻に多く含まれるヨウ素は、体内でどんな働きをしますか？

A 甲状腺ホルモンをつくるのに欠かせない必須微量元素です。吸収されたヨウ素は甲状腺に取り込まれ、健康であれば余分なヨウ素は尿などで排泄されます。

厚生労働省の「日本人の食事摂取基準（2015年）」に、ヨウ素の推定必要量、推奨量、耐容上限量（過剰摂取による健康障害を起こすことのない摂取の最大限の量）なども示されていますので、参考にするとよいでしょう。ヨウ素の大半は海産物から摂取するので、世界的に見ると、内陸国などでヨウ素欠乏の国も少なくありません。

Q 海藻に特有の食物繊維について教えてください。

A 食物繊維は人間が消化できない成分ですが、保水性がよく、腸の調子を整え、便通をよくするなど、体内で大切な働きをしています。繊維というとゴボウのスジのようなものを連想しますが、これはセルロースなどの不溶性の食物繊維で、海藻にも含まれています。

それに対し、海藻に特有のネバネバやヌメリの元であるアルギン酸、フコイダン、ラミナランなどの粘質物質は、水に溶ける水溶性の食物繊維で、昆布にもわかめにも含まれています。こうした機能性、人間の体への作用などの研究は日進月歩です。

Q 昆布を丸ごと食べる利点とは？

A 昆布の栄養成分をすべて取り入れることができることです。食物繊維も水溶性、不溶性のどちらも摂取できます。湯通し塩蔵昆布については、「日本食品標準成分表」に項目がなく、栄養成分の分析例も見当たらないため数値は不明ですが、柔らかく手軽に調理できる特徴を生かし、海の野菜として食べることは健康にもよいことです。

Q 昆布の旨み成分について。

A 昆布の旨みの主成分はグルタミン酸です。グルタミン酸は、鰹節の旨み成分イノシン酸と組み合わされると、相乗効果でより美味しく感じられようになります。イノシン酸の多い豚肉や魚などと一緒に料理することは、味や栄養の点でも理にかなっています。

Q 塩抜きのために水に浸けておくと栄養成分も抜けてしまいますか？

A 水溶性の物質は濃度の高い方から低い方へ移動するので、ある程度は抜ける可能性があります。味や栄養の点から、必要以上に長く浸けないことをお勧めします。

Q 湯通し塩蔵わかめや昆布を、家庭で保存するとき注意することは？

A 加熱処理には、海藻の自己分解酵素の働きを止め、劣化を抑える作用があります。湯通し塩蔵加工は保存性を高めるよい方法ですが、どんな食品でも時間の経過と共にゆっくりと変質します。空気や光などさまざまな因子が劣化に関与し、温度が高いと進みが早まるので、1～2カ月なら冷蔵、1年ぐらい保存するなら冷凍（マイナス5～15℃程度）がよいでしょう。塩分が多いので凍結することはありません。

若い世代のレシピ

石巻北高等学校（宮城県石巻市）

食材を使って地域にパワーを！

十三浜にほど近い石巻北高校は、5つの系列が集まった総合学科の高校です。中でも「食農系列」と「家庭系列」は、農林水産物の加工や販売、郷土食の継承などに取り組み、献立開発にも力を注ぎます。校内の販売所で人気の米粉パンに昆布を入れたものや、高校生らしいボリュームあるレシピを紹介します。

レシピを考えた生徒さんたち。自作のエプロンと三角巾姿で。

昆布入り米粉ロール

米粉の生地に昆布を練りこんだ、もちもちの和風パン。

材料・丸パン10個分

グルテン入り米粉 — 350g
強力粉 — 150g
砂糖 — 25g
オリゴ糖 — 5g
塩 — 8g
脱脂粉乳 — 15g
無塩バター — 25g
ドライイースト — 8g
卵 — 30g（Lサイズ½個分）
水 — 340ml
塩蔵昆布 — 60g（好みで量を調整する）
塩麹 — 大さじ1

つくり方

1 昆布は洗ってたっぷりの水で30分塩抜きし、細かくきざんで、塩麹をまぶしてひと晩おく。
2 ボウルの中に、卵と水と昆布以外のすべての材料を入れ、よく混ぜ合わせる。
3 2に卵と水を加えて混ぜ、ボウルの側面についた粉がきれいにはがれ落ち、ひとかたまりになるまで混ぜる。台の上に移し、なめらかになるまでよくこねる。
4 3に1を合わせて練りこむ。
5 カードなどで生地を10等分にして丸め、オーブンシートをしいた天板に並べる。
6 米粉パンの発酵は一度だけ。温かい場所におき、40分～1時間ほど、生地をのせた天板を揺らして根元から揺れるくらい（2倍くらいの大きさ）まで発酵させる。
7 180℃に温めたオーブンに入れて15分、様子を見ながら焼き上げる。
＊ 1の昆布は、具にして生地で包みこんでもよい。

ささみのわかめ巻き揚げ 中華あんかけ

さっくりした揚げものと、とろーり中華あん。わかめのおいしさをダブルで。

材料 4人分

鶏ささみ肉 — 4本
塩蔵わかめ — 20g
レモン汁 — ½個分
青のり — 適量
片栗粉 — 適量
揚げ油 — 適量

〔中華あん〕
塩蔵茎わかめ — 30g
パプリカ — ⅓個
筍（水煮）— 60g
めんつゆ（3倍希釈）— 30ml
水 — 適量
砂糖 — 大さじ½～1
豆板醤 — 少々
水溶き片栗粉 — 適量

つくり方

1 茎わかめは洗って水に浸けて塩抜きし、みじん切りにする。
2 パプリカと筍はみじん切りにする。
3 中華あんをつくる。めんつゆを水でほどよく希釈し、砂糖と豆板醤を加えて鍋で熱し、1 と 2 を加えて火を通す。最後に水溶き片栗粉を加え、濃いめのとろみをつける。
4 ささみは半分の長さに切り、レモン汁をかける。わかめは水で洗って軽く塩抜きし、水けをよくきる。
5 ささみにわかめを巻く。
6 片栗粉と青のりを混ぜて衣をつくり、5 にまぶす。
7 揚げ油を熱して、6 を高温でカリッと揚げる。二度揚げするとよい。
8 7 を器に盛り、3 をかけていただく。

わかめとエビのパイグラタン

ホワイトソースとわかめの意外な組み合わせを楽しんで。

材料 4人分

塩蔵わかめ — 20g
マカロニ — 100g
エビ（ブラックタイガーなど・無頭）— 100g
玉ねぎ — ½個
マッシュルーム（生）— 30g
サラダ油 — 適量
冷凍パイシート — 1～2枚
溶き卵 — 適量
パン粉 — 15g
ピザ用チーズ — 100g

〔ホワイトソース〕
牛乳 — 4カップ
米粉 — 大さじ6
顆粒コンソメ — 大さじ2
塩 — 小さじ⅓
こしょう — 少々

つくり方

1 わかめは水洗いして軽く塩抜きし、2cm程度に切る。
2 エビは殻と尾を除き、背に浅く切り込みを入れておく。
3 玉ねぎとマッシュルームは薄切りにする。マカロニはゆでておく。
4 冷凍パイシートを半解凍し、2cm幅の帯状に切り、冷蔵庫におく。
5 ホワイトソースをつくる。鍋に米粉を入れ、牛乳を入れて泡だて器でよく混ぜる。よく溶けたら点火し、弱火～中火で絶えずかき混ぜながら加熱する。とろみがついたらコンソメ、塩、こしょうで味をととのえ、火を止める。
6 フライパンにサラダ油を入れて熱し、玉ねぎを炒め、エビとマッシュルームを加えてさっと炒める。
7 5 の鍋に 1、6、ゆでたマカロニを加えて混ぜ合わせる。
8 グラタン皿に分けて入れ、チーズとパン粉をのせてから 4 のパイ生地を格子状に皿のふちまでのせ、表面に溶き卵を塗る。
9 250℃のオーブン（オーブントースターでもよい）に入れて 10～15分、こんがり焼き色がつくまで焼く。
＊パイシートがなければ、チーズとパン粉をかけてそのまま焼いてもよい。

自由学園（東京都東久留米市）

十三浜とつながって生まれた人気レシピ

震災以降、自由学園の生徒たちは十三浜で海の仕事のお手伝いをしています。年2回開かれるオープンキャンパスでは、十三浜のわかめや昆布を販売し、生徒が考えた料理の試食コーナーも人気。交流から生まれたレシピには、校内の昼食の定番になったものもあります。

レシピ製作と料理に関わった、女子部高等科、男子部高等科、最高学部のみなさん。

最高学部（大学）2品

茎わかめのおろし和え　舞茸添え

大根おろしで和えたさっぱりとした副菜。

材料4人分

塩蔵茎わかめ — 100g
大根 — 200g
生姜 — 1片
酢 — 60ml
しょうゆ — 大さじ1⅓
削り節 — 4g
舞茸 — 40g
ごま油 — 適量
塩 — 適量

つくり方

1 茎わかめは洗い、水に浸けて20分ほど塩抜きし、4～5cm長さに切ってせん切りにして軽く湯通しする。大根をおろし、水けをきる。
2 ボウルに1を入れ、すりおろした生姜、酢、しょうゆを入れて和える。
3 舞茸は食べやすい大きさに裂き、ごま油で炒めて削り節をふり、塩で味つけして粗熱を取る。
4 器に2を盛り、3をのせる。

茎わかめの中華スープ

茎わかめの食感がアクセント。

材料4人分

塩蔵茎わかめ — 30g
豚こま肉 — 80g
長ねぎ — 60g
人参 — 60g
エリンギ — 40g
もやし — 60g
春雨 — 12g
溶き卵 — 1個
水 — 600ml
塩、こしょう — 適量
しょうゆ — 小さじ1
サラダ油 — 適量
ごま油 — 適量

つくり方

1 茎わかめは短冊に切って洗い、塩抜きする。
2 長ねぎは小口切り、人参、エリンギは短冊切り、春雨はゆでて食べやすい長さに切り、もやしは洗っておく。
3 鍋にサラダ油を熱して豚肉を炒め、水を加えて、人参、エリンギ、もやしを入れる。火が通ったら、1と春雨、長ねぎを加える。
4 塩、こしょう、しょうゆで味つけし、溶き卵を少しずつ加える。仕上げにごま油をまわし入れる。卵に火が通ったらでき上がり。

女子部高等科　わかめクラッカー

塩蔵わかめの塩味を生かして手軽なスナックに。

材料・天板2枚分

塩蔵わかめ — 30g
薄力粉 — 200g
ベーキングパウダー — 小さじ½
塩 — 小さじ½弱
白いりごま — 大さじ1
白すりごま — 大さじ1
粗挽きこしょう — 小さじ1～2
ごま油 — 50ml
水 — 90ml

つくり方

1 わかめをさっと洗ってしぼり（塩抜きはしない）、1cm幅に切る。
2 ボウルに薄力粉、ベーキングパウダーをふるい、塩、ごま、粗挽きこしょうを入れて混ぜる。全体が混ざったらごま油と水を加えてまとめる。
3 2に1を入れ、均一になったら2等分にしてそれぞれ丸くまとめ、1個ずつラップでくるみ、冷蔵庫で20分おく。
4 オーブンシートの上に3をおき、麺棒で四角く伸ばす。薄い方がパリッとした食感が楽しめる。
5 濡らした包丁で食べやすいサイズに切り目を入れ、1ピースにつき数カ所フォークで穴をあける。
6 170℃のオーブンで10分、その後160℃にして15分、パリッとするまで焼く。

男子部高等科　茎わかめのあんかけ焼きそば

ボリュームたっぷり。男子考案の豪快メニュー。

材料4人分

焼きそば用麺 — 4玉
シーフードミックス（冷凍）— 150g
塩蔵茎わかめ — 40g
ほうれん草 — 3～4株
人参 — 中½本
玉ねぎ — 中1個
白菜 — 3～4枚
好みでうずら卵水煮 — 適量
鶏もも肉 — 200g
サラダ油 — 適量

A
しょうゆ — 大さじ2
砂糖 — 大さじ1
酒 — 大さじ1
ごま油 — 大さじ1
みりん — 大さじ½
オイスターソース — 小さじ1
顆粒鶏がらスープ — 小さじ2
水 — 300ml

塩、こしょう — 少々

片栗粉 — 大さじ2
水 — 大さじ4

つくり方

1 茎わかめは短冊切りにし、15分ほど塩抜きする。
2 シーフードミックスを解凍し、キッチンペーパーなどで水分を取る。Aの調味料をすべて合わせる。
3 ほうれん草と白菜はざく切り、人参は短冊切り、玉ねぎはくし切りにする。
4 フライパンにサラダ油を熱し、1人分ずつ麺を入れて中火で3分ほどこんがり焼く。
5 別のフライパンを温め、サラダ油を薄くひき、鶏もも肉を皮目から焼き、両面にしっかり焼き色がついて中に火が通るまで焼く。食べやすい大きさに切っておく。
6 鍋にサラダ油を熱し、シーフードミックスを炒め、かための野菜から順に加えて炒める。1、うずら卵を入れたら、Aを加える。
7 火が通ったら味をみて、塩、こしょうで味をととのえ、最後に水溶き片栗粉を入れてとろみをつける。
8 器に4と5をのせ、7を上からかける。

みんなの昆布レシピ

塩蔵昆布は、結び昆布や昆布巻きのほか、きざみ昆布のサラダなどレパートリーが広がる素材。
昆布の旨みが味に深さを加えてくれるのも、嬉しいポイントです。

昆布と玉ねぎのチヂミ

多めのごま油でカリッと焼き上げるチヂミ。
モチモチの生地にきざみ昆布がたくさん入って
箸が止まらないおいしさです。

材料・直径 5 ～ 6cm 大 5 枚分

塩蔵昆布 — 25g
玉ねぎ — 50g
しらす干し — 30g
小麦粉 — 50g
水 — 70ml
卵 — 1個
ごま油 — 適量
糸唐辛子（あれば）— 適量

〔たれ〕
酢、しょうゆ、砂糖、ごま油
　— 各小さじ 1
にんにくすりおろし — 少々
好みで一味唐辛子 — 少々

つくり方

1　昆布は 5cm 長さのせん切りにして塩抜きする。玉ねぎは薄切りにする。
2　ボウルに小麦粉、水、卵を混ぜ合わせ、1 としらす干しを加えて混ぜる。
3　フライパンを熱してごま油を多めにひき、2 をお玉 1 杯分ずつ広げ、強めの中火で両面を焼く。たれをつけていただく。糸唐辛子を飾ってもよい。

＊きざみ昆布のレシピには「塩蔵きざみこんぶ」（巻末の申し込み票参照）もご利用ください。

昆布とトマトの炊きこみごはん

昆布とトマトの旨みがしみこんだ
手軽につくれるごちそうごはん。

材料 4人分

米 — 3合
塩蔵昆布 — 30g
ミニトマト — 1パック(150g)
塩 — 小さじ½
オリーブオイル — 大さじ1
白いりごま — 適量
粗びき黒こしょう — 適量

つくり方

1 米をとぎ、普通に水加減しておく。
2 昆布は、20分ほど少し塩けが残るくらいに塩抜きし、5～6mm角に切る。ミニトマトは半分に切る。
3 1に塩とオリーブオイルを加えてさっと混ぜ、2をのせて炊く。
4 炊き上がったら白いりごまをふりかけ、全体をさっくり混ぜる。器に盛って、粗びき黒こしょうをふる。

昆布とベーコンのパスタ

いつものパスタにきざみ昆布を加えて
風味とボリュームをアップ！

材料 4人分

スパゲッティー（太さ1.4mm）
　— 300g
塩蔵昆布 — 60g
ベーコン — 80g
玉ねぎ — 小1個
パプリカ — 赤、黄各½個
しめじ — 100g
にんにく — 2片
オリーブオイル — 50ml
パセリ — 適量
塩、こしょう — 各適量
好みでパルメザンチーズ、
　オリーブオイル — 適量

つくり方

1 昆布はせん切りにし、少し塩けが残る程度に塩抜きする。ベーコンは短冊切り、玉ねぎ、パプリカはくし切り。にんにくは包丁の腹でつぶす。しめじは小房に分ける。パセリはみじん切りにする。
2 大きめの鍋に湯を沸かし、1%の塩(分量外)を入れ、スパゲッティーをアルデンテにゆでる。ゆで汁約½カップを取りおく。
3 フライパンにオリーブオイルとにんにくを入れ、弱火で香りを引き出す。ベーコンを加えて炒め、玉ねぎ、パプリカ、しめじ、昆布を加えて炒め合わせ、2のスパゲッティーも加える。水分が足りないときはゆで汁を加え、塩、こしょうで味をととのえる。
4 器に盛り、パセリのみじん切りをふる。好みでパルメザンチーズ、オリーブオイルをかける。

昆布の水炊き鍋

ごま味噌だれ

結び昆布をどっさり入れたヘルシーな鍋。
ごま味噌だれがよく合います。

材料 4 人分

塩蔵昆布 — 100g
鶏もも肉 — 400g
大根 — 10cm
生しいたけ — 8個
厚揚げ — 2枚
セリ — 1束
水 — 適量

〔ごま味噌だれ〕
味噌 — 大さじ 6
みりん — 大さじ 2
酒 — 大さじ 2
ねりごま — 大さじ 3

つくり方

1 昆布は幅を半分に切って 4 等分に結んでから切り、よく洗って熱湯で塩抜きする。
2 鶏もも肉は大きめのひと口大に切り、軽く下ゆでしておく。大根は 5mm 厚さの半月切りに、生しいたけは石づきを取り、十字に切り目を入れる。厚揚げは 1 枚を 8 つに切る。セリはざく切りに。ごま味噌だれの調味料を合わせておく。
3 鍋に水と、セリ以外の具材を入れて水炊きにし、火が通ったらセリも加える。ごま味噌だれをつけて食べる。煮汁でのばしながら、ごまだれスープにしてもおいしい。

＊ポン酢でもおいしく食べられる。

クーブ《昆布》イリチー

沖縄の伝統料理と三陸昆布の
コラボレーション。何度食べても飽きません。

材料・つくりやすい分量

塩蔵昆布 — 150g
豚三枚肉 — 150g
こんにゃく — 100g
かまぼこ — 70g
サラダ油 — 大さじ2
しょうゆ — 大さじ2½〜3
砂糖 — 大さじ1
酒 — 大さじ1
みりん — 大さじ1
水 — 2カップ

つくり方

1 昆布を30cm長さに切り、まな板の上で1枚ずつ広げて重ねる。手前からくるくる巻いて固めの棒状にまとめて細切りにし、水に浸けてやや塩分が残る程度に塩抜きする。
2 豚三枚肉はゆでてから細切り。こんにゃくは細切りにしてからゆでる。かまぼこは細めの短冊切り。
3 鍋に、サラダ油、しょうゆ、砂糖、酒、みりんを入れて煮立たせ、1、豚肉、こんにゃくを入れて炒め合わせ、水を入れて煮立ったら弱火にし、40分ほどじっくり煮こむ。
4 昆布が柔らかくなったら、かまぼこを加えて仕上げる。

ひき肉の昆布ロール

鶏と豚のひき肉を合わせてコクを出します。お弁当にも重宝するおかずです。

材料・昆布ロール２本分

塩蔵昆布 — 20cm長さ×２枚
鶏ひき肉 — 100g
豚ひき肉 — 100g
卵 — １個
玉ねぎ — 50g
人参 — 20g
小麦粉 — 大さじ１
A | 砂糖 — 大さじ１
しょうゆ — 大さじ１½
みりん — 大さじ１
水 — 300ml

つくり方

1 昆布は塩抜きする。
2 玉ねぎ、人参はみじん切りにしてボウルに入れ、鶏ひき肉、豚ひき肉、卵、小麦粉と合わせてよく混ぜる。
3 ２枚の昆布の水けをよくふき、**2**を２等分にして昆布の上にそれぞれ広げ(a)、端からぐるぐる巻いて最後は楊枝で２カ所とめる。
4 鍋に**A**を入れて一度煮立たせたら**3**を入れ、弱火で20分ほど煮る。
5 ２〜3cm厚さに切って、器に盛る。

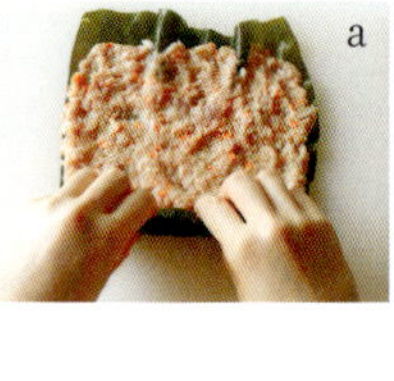
a

鮭の昆布巻きトマト煮

鮭の昆布巻きをトマトやにんにくと合わせて洋風に。

材料・昆布巻き２本分

塩蔵昆布 — 25cm 長さ×２枚
生鮭切り身 — ２切れ
トマト — 大１個
玉ねぎ — ¼個
生しいたけ（石づきを取る）
　— ３～４個
にんにく — １片
塩、こしょう — 各少々
酒または白ワイン — 適量

つくり方

1　昆布は塩抜きし、水けをふいておく。
2　生鮭は軽く塩、こしょうをして **1** で巻き、巻き終わりを楊枝で２カ所とめる。
3　トマト、玉ねぎ、しいたけは各 1cm 角に切る。にんにくはみじん切りにする。
4　厚手鍋に **3** を入れ、その上に **2** をのせる。ふたをして火にかけ、煮立ったら弱火にして 15 ～ 20 分蒸し煮にする。途中、水分が足りない場合は、酒か白ワインをふる。

根菜と豚肉の昆布巻き

見た目が美しい昆布巻きは、お祝いごとやおもてなしの食卓にも。

材料・昆布巻き２本分

塩蔵昆布
— 25cm 長さ×２枚
豚ロース薄切り肉 — 120g
ごぼう — 80g
人参 — 80g

A
- 砂糖 — 大さじ３
- 酒 — 大さじ３
- しょうゆ — 大さじ３～４
- 水 — 2½カップ

つくり方

1 昆布は塩抜きする。

2 ごぼうと人参は昆布の幅に合わせて 1cm 角の棒状に切る。ごぼうは軽く下ゆでする。

3 昆布の上に豚肉を広げ、手前端にごぼうと人参をおく。野菜は１本ずつでもよいが、２本ずつ市松模様にまとめてもきれい (a)。

4 3 を海苔巻きのように端から巻き、タコ糸で形をととのえておく。

5 鍋に A を入れて煮立て、4 を入れて落としぶたをして最初は中火、沸とうしたら弱火にして 20～25 分煮る。火を止めたら、そのまま味をふくませる。食べやすい大きさに切って盛る。

a

昆布の三角巻き煮

形がユニークな岩手県北上市の郷土料理。具は鮭缶やツナ缶などもおすすめです。

材料・つくりやすい分量

塩蔵昆布 — 200g
さば水煮缶 — 180g
A　しょうゆ — 大さじ 1 ½
　　砂糖 — 大さじ 2
　　酒 — 大さじ 2
　　水 — 2 カップ
みりん — 小さじ 1

つくり方

1　昆布は塩抜きしてから、30cm 長さに切り縦半分に切っておく。
2　1 の端を三角折りにしてさば缶の身を小さじ 1 〜 2 杯入れ (a)、三角形になるよう折りたたむ (b)。最後は昆布の中に折りこむ。
3　昆布がくずれないように木綿糸でしばる (c)。
4　3 を鍋に並べ入れ、A を入れて落としぶたをして中火で 15 分、その後弱火にして 20 分ほど柔らかくなるまで煮る。
5　最後にみりんを加え、煮汁を昆布にかけながら煮つめる。

a

b

c

ポルトガル風
豚とあさりの昆布蒸し

ポルトガルでは、魚介類と肉をひとつ鍋で調理するのが定番。
昆布が吸った旨みエキスが、口の中にジュワッと広がります。
鍋のまま食卓にどーんと出しても華やかです。

材料 4 人分

塩蔵昆布 — 50g
豚こま肉 — 200g
キャベツ — ¼個
あさり — 250g
パセリ — ½束

A | しょうゆ — 大さじ 1 ～ 2
　| にんにくのすりおろし — 1片分
　| 白ワイン — 大さじ 2

塩、こしょう、オリーブオイル — 各適量

つくり方

1 昆布は縦半分に切ってから 5 ～ 6mm 幅に切り、塩抜きしておく。豚肉に **A** をもみこんで下味をつける。キャベツはざく切りにする。

2 鍋にキャベツ、昆布、下味をつけた豚肉の順に重ね、オリーブオイルをひとまわしし、塩、こしょう少々をふってふたをし、7 分ほど蒸す。

3 あさりとパセリを加えて、さらに 3 ～ 5 分蒸す。あさりの口が開いたら、でき上がり。

昆布と手羽元のポトフ

野菜、肉、昆布をひと鍋で煮こむ“あったかポトフ”。

材料 4 人分

塩蔵昆布 — 100g
鶏手羽元 — 8本
じゃがいも（メークイン）— 300g
玉ねぎ — 200g　大根 — 100g
人参 — 100g　ごぼう — 100g

A
- ベイリーフ — 1枚
- 生姜の薄切り — 5枚
- にんにく — 1～2片
- 水 — 1ℓ

白ワイン — 大さじ 2　塩 — 少々
こしょう、マスタード — 各適量

つくり方

1 昆布はていねいに洗い、縦半分に切り、ゆるく結び目をいくつかつくり、間を切る。たっぷりの湯で 1 ～ 2 分ゆでて塩抜きする。

2 フライパンに油（分量外）をひいて熱し、鶏手羽元全体に焦げ目をつけてから、熱湯を通しておく。

3 じゃがいもと玉ねぎは半分に、大根は 1.5cm 厚さの半月切り、人参は縦半分に切って 2 等分、ごぼうはたわしで洗い 3cm長さの乱切りにする。

4 鍋に **1**、**2**、**3**、**A** を入れて中火で煮る。煮立ったら弱火にしてアクを取り、白ワインを入れ、昆布が柔らかくなるまで30分煮る。

5 塩少々で味をととのえる。器に盛り、仕上げにこしょうをふる。好みでマスタードをつけてもよい。

＊鍋帽子®でつくるときは **4** で弱火にしたら、10分煮てから、鍋帽子をかぶせて 1 時間おく。

昆布とさつまいもとさつま揚げの煮もの

さつまいもとさつま揚げの甘みで、コクのあるふっくらとした煮ものに。

材料・つくりやすい分量

塩蔵昆布 — 100g
さつまいも — 300g
さつま揚げ — 1枚
　だし — 300ml
　しょうゆ — 大さじ1
　酒 — 小さじ2
　みりん — 小さじ2
　酢 — 小さじ½

つくり方

1. 昆布は食べやすい長さに切ってからせん切りにし、たっぷりの熱湯で2分ゆでてザルに上げ、冷水で2〜3回洗って水をきる。
2. さつまいもは皮つきのまま1cm厚さの輪切りか半月切りにし、水に10分さらしておく。
3. さつま揚げは薄切りにする。
4. 鍋にすべての材料と調味料を入れ、中火の弱で15分くらい煮る。

昆布とにしんのヨーグルトサラダ

ロシアの家庭料理の定番「にしんとリンゴのサラダ」に
きざみ昆布を加えたら、思いがけないハーモニー！
マッシュポテトやゆでたじゃがいも、黒パンと合わせていただきます。

材料4人分

塩蔵昆布 — 80g
にしんの酢漬け — 100g
りんご（あれば紅玉） — ½個
プレーンヨーグルト — 1カップ
好みで、きゅうりのピクルス（粗みじん切り） — 適量
好みでディル — 適量
黒パン、マッシュポテト、ゆでたじゃがいもなど — 各適量

つくり方

1 昆布は4～5cm長さに切り、くるくる巻いて細切りにし、たっぷりの湯でゆでこぼして塩抜きする。塩気が軽く残るくらいがよい。
2 にしんの酢漬けは1cm幅に切る。りんごは皮つきのまま4～6等分にして芯を取り、いちょう切り。
3 ボウルにりんごを入れ、ヨーグルトで和える（ピクルスを入れる場合はここで）。
4 3に1とにしんを入れて軽く和え、味をみて足りなかったら塩（分量外）で味をととのえる。
5 器に盛って、薄切りにした黒パンやマッシュポテトにのせたり、ゆでたじゃがいもに添えていただく。好みでディルを散らしてもよい。
＊にしんの酢漬けは輸入食材店などで手に入る。コハダやシメサバでもおいしい。

昆布ともやしのカレーピクルス

カレー風味のさっぱり味と
昆布ともやしのシャキシャキ感が絶妙です。

材料・つくりやすい分量

塩蔵昆布 — 50g
大豆もやし — 200g
〔ピクルス液〕
オリーブオイル — 大さじ2
酢 — 大さじ1
白ワイン — 大さじ1
塩 — 小さじ½
砂糖 — 小さじ½
カレー粉 — 小さじ1〜2
こしょう — 少々

つくり方

1 ピクルス液の調味料を合わせて火にかけ、一度煮立たせてから火を止め、冷ましておく。
2 昆布はせん切りにして、少し塩けが残る程度に塩抜きする。
3 もやしは固めにゆでて水をきり、熱いうちに1で和え、2も合わせて混ぜてから保存容器に入れる。もやしの熱で昆布が少し柔らかくなる。
4 冷蔵庫で冷やしていただく。

昆布サラダ ポン酢がけ

つるつる食べられて子どもに大人気。
きざみ昆布をシンプルに味わうレシピ。

材料

塩蔵昆布、削り節、ポン酢、
おろし生姜 — 各適量

つくり方

1 昆布はせん切りにして、30分ほど塩抜きする。
2 水をきって器に盛り、削り節、おろし生姜、ポン酢をかけていただく。

海と畑のシャキシャキサラダ

たっぷり野菜にツナと昆布を加えた
カラフルでにぎやかなサラダ。

材料 4 人分

塩蔵昆布 — 50g
ツナ — 小 1 缶
きゅうり — 1 本
大根 — 80g
人参 — 30g
塩、こしょう、酢 — 各少々

つくり方

1 昆布は 5 ～ 6cm 長さのせん切りにして、塩抜きする。野菜はすべて 5 ～ 6cm 長さのせん切りにしておく。
2 野菜の水けをきってボウルに入れ、昆布とツナを合わせ、塩、こしょう、酢で味をととのえる。

洋風マリネ　　和風マリネ

昆布と玉ねぎのマリネ２種

同じ食材で味に変化をつけた２つのマリネ。
あっという間にアレンジメニュー（左ページ）ができ上がります。
そのままでも副菜の一品に。

材料・つくりやすい分量

《 和風マリネ 》	《 洋風マリネ 》
塩蔵昆布 ― 20g	塩蔵昆布 ― 20g
玉ねぎ ― 80g	玉ねぎ ― 80g
ポン酢 ― 大さじ３	オリーブオイル ― 大さじ３
ごま油 ― 大さじ１	酢 ― 大さじ３
白ごま ― 適量	塩 ― 少々
好みでゆずの搾り汁	ディル、バジルなどハーブ ― 適量

つくり方

1　塩蔵昆布は5cm幅にしてせん切りにし、塩抜きする。塩けは少し残しておく。

2　玉ねぎを薄切りにする（水にさらさない）。

3　水けをきった**1**と**2**、調味料を混ぜ合わせて冷蔵庫へ。10日ほどで食べきる。

マリネ2種の展開料理

白身魚のカルパッチョ

白身魚の刺身の薄切りを並べて、塩とオリーブオイルを軽くふり、洋風マリネをのせました。ピンクペッパーで飾ってもすてきです。

トマトサラダ

薄いくし切りにしたトマトに和風マリネを添えました。さまざまな野菜でアレンジできます。

シーフードマリネ

刺身用のタコや帆立貝柱を食べやすいサイズに切り、洋風マリネと和えると贅沢なひと皿に。はちみつやレモン汁を加えると味に変化が。

東日本大震災後の支援から交友へ

東北沿岸の町や村では、
巨大津波が何もかも奪い去っていった悲しみを胸に、
それでも海に生き、
懸命に暮らす人びとの姿があります。
支援から始まった浜とまちの温かいつながりが
家庭から社会へと広がっています。

16mの津波が襲った石巻市十三浜へ

婦人之友編集部

1. 変わり果てた十三浜相川地区。「こんなになっちまってなあ」とうめくようにつぶやいた自治会長（2011年3月26日）／2. 着の身着のまま避難した「相川保育所兼子育て支援センター」で、4カ月間に及ぶ集団避難生活を送りました。／3.4. 避難所では、3km先の山から男性が沢水を引き、がれきの中から探し出したプロパンガスや薪を燃料に。食事は女性たちが交代でつくりました。

宮城県の牡鹿半島から東へ130㎞。世界の三大漁場のひとつとして知られる、恵み豊かな三陸沖の海底が、突如大きく動いたのは、2011年3月11日、午後2時46分。マグニチュード9・0という、国内観測史上最大の地震の発生でした。引き起こされた巨大な津波は沿岸の町や村を襲い、福島では原発事故が発生。未曾有の大災害となり、世界に衝撃が走りました。

被災した地域はあまりに広く、被害は計り知れません。私たちに何ができるだろう、道路が寸断されて孤立する沿岸部の人たちは、どうやって暮らしておられるだろうか。

3月25日、婦人之友の記者が持てるだけの物資を携えて訪ねたのが、石巻市北上町十三浜地区でした。16mの津波によって7割の家屋が全壊流出。悲嘆と混乱の中、高台にある保育所で、約160人の方々が避難生活を送っていました。

ただ援助を待つのではなく、自ら組織をつくり、自治会長をリーダーに役割を分担し、お年寄りを支えて助け合う集団生活。自然を巧みに利用する知恵。地域の強い絆と、生きる力に圧倒されました。

硬い床で、毛布にくるまって一緒に朝を迎

1. 相川避難所で仙台友の会による家庭料理の炊き出し／2. 仮設住宅に移ったみなさんから十三浜の料理を教わりました／3. 避難所で巡回生活講座「鍋帽子を使った省エネ調理」を婦人之友社と友の会が開催／4.5.6.7. 十三浜を訪れた自由学園の生徒たち。被災の状況や復興の様子を聞き、子どもたちとお菓子を作り、海の仕事をお手伝い／8. 自由学園に十三浜の少年を招き、わかめを販売。

えると、切実な要望が寄せられました。女性用の下着を持ってきてもらえませんか。体格のいい中高生の衣類がないんです等々。私たちがまずできることは、今、必要なものを一刻も早くお届けすることでした。

婦人之友や明日の友誌上で被災地の状況を伝えると、読者からは続々と義援金が寄せられるようになりました。

十三浜へ通ううち、「こんなお返ししかできないけれど」と、いただいたのはひと握りのヒジキ。それは、3月11日に刈ったものでした。その日が集落総出で天然の海藻を刈る「磯の開口」だったこと、養殖わかめの収穫時期だったことを知りました。こうして、私たちが食べる海の幸は、自然を相手に海で生きる方々あってこそと実感するようになりました。

11年の夏から定期的に訪れている自由学園の生徒たちも、学びを深めています。

震災前2068人だった十三浜の人口は1089人（16年11月現在）に減りましたが、集落単位で高台移転が進み、落ち着いた暮らしを取り戻そうとしています。十三浜の方々と私たちの交友は、これからも続きます。

明日へ

（左）避難所だった相川保育所には今、子どもたちの元気な声が。震災後に生まれた子どもが大半となりました。16年1月／（右）住宅の再建、市営住宅の建設も進み、5年半ぶりに十三浜に戻った方も。16年11月

この本のレシピは…

この本の「みんなのレシピ」は、『婦人之友』と『明日の友』誌上でのレシピ募集の呼びかけに応えて、全国各地の読者から寄せられた120点を超える中から選びました。

それらのレシピに基づいて試作や試食を繰り返し、磨きをかけたのは、支援活動で十三浜に足を運んできた仙台友の会のみなさん。撮影用の調理や、塩抜きの実験にも実力を発揮してくださいました。

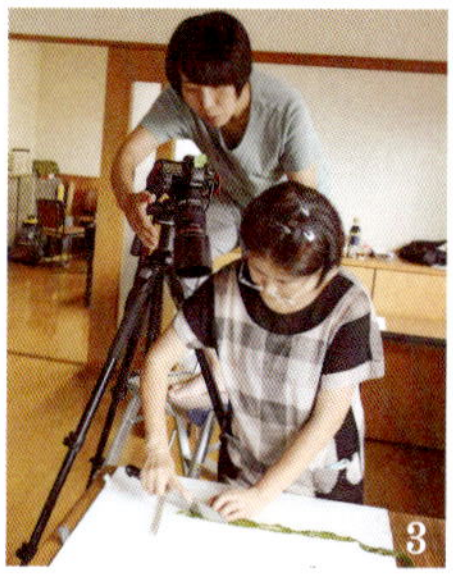

1. 全国から寄せられたレシピを試作。撮影まで練習を重ねました／2. 料理制作チームには、小さなお子さん連れの人も／3. 撮影当日は十三浜のお母さんたちも参加。わかめや昆布の基本の扱い方を教えてくださいました。

3団体が力を合わせて

婦人之友社・全国友の会・自由学園は、ジャーナリスト出身の思想家、羽仁もと子・吉一により創立されました。よい家庭からよい社会の実現を願う3団体は、東日本大震災の直後から、岩手、宮城、福島にある各友の家を拠点に協力して、できることを分担し合って支援にあたってきました。

古くは大正12（1923）年の関東大震災、昭和10（1935）年の東北大凶作の際にも、被災地の生活の立て直しに友として寄り添い、社会に働きかけました。その心と経験は時代を超えて受け継がれ、近年では1995年の阪神淡路大震災はじめ各地で続く災害に、連携して活動しています。

浜の暮らしを支え、まちの食卓を支えるしくみ

「婦人之友 十三浜わかめクラブ」の始まり

十三浜での袋詰めと発送は、浜のみなさん、仙台友の会、婦人之友社社員が一緒に行います。

わかめや昆布は、家庭でおいしく料理されて食卓に。

各地の友の会は箱単位で購入し、自分たちで小分けして各家庭に。

「わかめから、十三浜の漁業と暮らしを再興する」。漁師さんたちの強い意志で、11年の秋にわかめの養殖が再開されました。

海の仕事は自然の脅威と隣り合わせ。津波はその最たるものです。漁師さんはそのリスクの中で、舟に乗って魚介を獲り、わかめや昆布を育てています。震災をきっかけに私たちは、そんな浜の仕事によって、自分たちの食卓があることに気づきました。

わかめを入口に、海に生きる家族とまちで食べる家族がつながり、収穫の喜びも自然のリスクも分かち合う――そんなしくみを作ることはできないだろうか。まずは、わかめを十三浜から直接購入し、私たちの日々の食卓にのせることから始めよう。

こうして、13年の春に生まれたのが「婦人之友 十三浜わかめクラブ」です。そして私たちは、あの海で、あの漁師さんたちが育ててくれたわかめを食べられ、「おいしいわかめをありがとうございます。これからもよろしくお願いします」と伝えることができるうれしさを感じています。

この試みが、全国各地の農漁家とまちの食卓のつながりに広がっていくことを願い、第一歩を踏み出しました。

「婦人之友 十三浜わかめクラブ」のご案内

シャッキリおいしい塩蔵わかめ、おかずとして食べられる塩蔵昆布を食卓に！

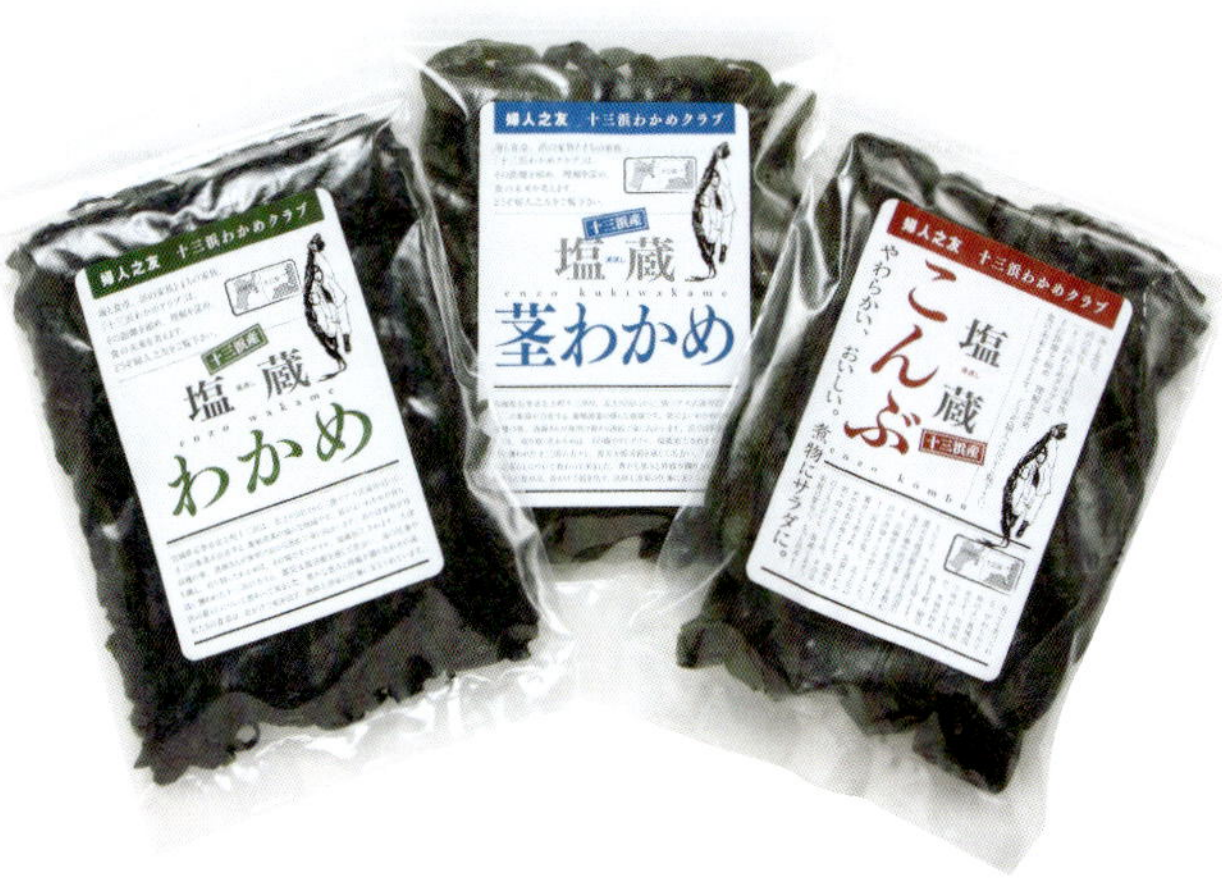

左から塩蔵わかめ、茎わかめ、昆布。わかめ、茎わかめは３～４月に、
昆布は５月に収穫・湯通し塩蔵したもの。１年間はおいしく食べられます。

婦人之友 十三浜わかめクラブがめざすこと

・毎年、春と秋の２回、わかめや昆布を十三浜から継続して購入します。
・十三浜の方々と交友し、浜の暮らしやなりわいの復興を応援します。
・海の現場と食卓をつなぎ、食を支える漁業への理解を深めます。
・食べる側も漁業に伴う自然のリスクを分かち合い、適正な価格を考えます。
・海藻を食べる食文化を広めます。

交友は誌上で、顔を合わせて

十三浜わかめクラブ通信

『婦人之友』では毎号、十三浜の様子を伝えています。

2013年５月、十三浜の漁家の方々を東京第一友の家にお招きし、海の仕事やわかめの養殖について学びました。

〈 購入方法 〉

毎年、『婦人之友』４月号（３月12日発売）・10月号（９月12日発売）、
また『明日の友』春号・秋号誌上で、予約の案内をします。
婦人之友社ホームページからも予約できます。 婦人之友社 検索
春のお届けは５月、秋のお届けは11月です。
＊出版記念セット（2018年３月11日まで）については、巻末の申し込み用紙をごらんください。

食の未来への提案

つくる人と食べる人がつながり
支え合う新しい関係を

結城登美雄（民俗・地元学）

「家庭の力が
社会をよくするんです。
こういう動きが、
もっと広がるといい」

1700kmにわたる海岸線で

2万人以上の犠牲者を出した東日本大震災から6年が経つ。私はこの間、ひたすら岩手・宮城・福島3県の沿岸漁村を訪ね歩き、被災した人々がどのように復興への道を歩もうとしているのかを見つめてきた。現地に足を運び、わが眼で確かめ人に会い、迷いや悩み、希望や願いに耳を傾け受けとめなければ、復興支援はできないのではないか。

それにしても被災地の海岸線は長く、かつ複雑に入り組んでいる。3県合わせて1700km。新幹線で青森から東京経由、広島辺りまでに相当する。その海岸線の5～6kmごとに263の漁港があり、そこを拠点に海仕事をする438の漁業集落が肩を寄せ合って暮らしていた。

それが3・11の大津波によって住居から漁港、漁船、漁具などがすべて破壊され、多くの命が奪われた。訪れた初期、人々は深い悲しみと苦しみの中で「もうここには住みたくない。海を見るのも嫌だ」と拒絶していたが、少しずつ変わってきた。

「土木復興」の風景の先、リアス式の小さな浜に着けば、海で働く人の姿に出会えるようになった。岩手県北の小袖漁港では、風で波立つ浜に漁船が戻ってきた。「うちのじいちゃん、85歳になってもまだ海仕事してるの。4年しか使ってなかった漁船を流され、もうダメだと落ち込んでいたけど、2年前に中古

1945年、山形県生まれ。東北の農山漁村を訪ね歩き、30年来、食べもののつくり手と食べ手、農山漁村と都市のつながりの大切さを訴えている。2009年には婦人之友に「自然・人・暮らしを歩く」を連載。著書『東北を歩く』ほか

船を買って。海は人を元気にしてくれる力があるんだね」と、ばあちゃんが笑った。帰り際に気前よく「魚もってくかい?」、そんな優しい心をもつ三陸海岸の人々が帰ってきた。

どんなに豊かな海があろうと、そこに向けて船を出し、網を入れて引き上げる漁師がいなければ、私たちの食卓に魚はない。小さな浜で、倦《う》まず弛《たゆ》まず食料生産にいそしむ人々。そのあきらめない姿が、厳しい時代を生きなければならない若者や次世代の人々の希望につながってくれればと思う。

失ってはならないもの

振り返れば、私が海と出会ったのは30年近く前、今回の地震でも大きな津波の被害を受けた気仙沼市唐桑《からくわ》だった。そこで海と人との暮らしに感銘を受けて以来、海辺を訪ね、いろいろな方に自然と共に生きる知恵や技を教わるようになった。十三浜のある北上町にもたびたび足を運んでいる。

震災後、ある町で「こんな情けない姿になったけど、ここは本当はいいところなんだよ」と聞いたとき、真っ先に思い出したのも、北上町の女性たちの言葉だった。

「嫁に来てまず思ったのは、銭がなくても楽しく暮らせるところだってこと。ふのり、岩のり、ひじき、わかめ、天草、ウニ、アワビ、海からごちそうが次々にやってくる。ここは私らのデパートだよ」「金がなくても安心して子育てできるし、老後を楽しく生きられる。海と仲間がいるからね」

自給自足とは、わが手で暮らしを賄うこと、まっすぐ生きる基本だと教えてもらったのが北上町だった。「ここはいいところだ」と思える暮らしやつながりは失ってはならない。震災後、海辺の町で「自分たちがつくったものが〝うまかった〟と言われるとうれしい。それさえあればやっていける」と何度も聞いた。

家庭から社会へ

まさに震災が起こったとき、私は宮城県の鳴子で、婦人之友の記者と「食の未来」について語り合っていた。その3カ月後の座談会で「地域や友の会などのグループで、漁師や浜と直接つながり、互いの暮らしがよくなるための新しい関係を築いてほしい」と話した。そして生まれたのが、「婦人之友十三浜わかめクラブ」だ。

流通が力を持つ今の社会の中で、「生産する人と食べる人がつながり支え合う関係」が始まって4年。毎年たくさんのわかめや昆布が全国の家庭に届けられている。

十三浜がどんなところか、海の仕事や浜の暮らしはどんなものかを、婦人之友の誌面でていねいに伝えたこと。そして十三浜に行った仙台友の会の人たちが、各地の友の会に働きかけたことも大きかったのではないか。4年続いたのは、食べる側にいる多くの家庭が理解して参加された結果だろう。

海は荒れる日もあるし、わかめのタネを付けても順調に育つという保証はない。人間の意思を超えた自然の厳しさがあるうえ、価格は流通市場に左右される。漁家は二重の不安定さの中で漁業を行っているのだ。

安定した価格は、漁師さんたちの希望につながり、沿岸漁業を守る。「家庭の力が社会をよくする」ことを見事に体現したのが、婦人之友十三浜わかめクラブと言える。

浜とまちのつながりは、この1冊の本へとつながった。今後もますます信頼関係が深まり、つくる人と食べる人の距離が近くなることを願っている。

＊この本は、東日本大震災で被害を受けたすべての方々に思いを寄せるみなさんの協力によって作られました。

十三浜のみなさん

宮城県漁業協同組合十三浜支所

佐藤栄記　武山さち子

佐藤勝子　鈴木久美子　阿部みつゑ　佐々木清子

佐々木としゑ　遠藤とみ子　小山さかゑ　小山まり子

佐藤とみゑ　遠藤やよ子　佐藤由美子　青山あい子

西條信代　佐藤のり子

佐藤清吾　阿部 護　佐々木重利　佐々木昭一

遠藤貞行　鈴木 学　佐藤公男　佐藤新一郎

青山喜一　佐藤徳義

宮城県石巻北高等学校

全国友の会（東京都豊島区）
1930年創立。『婦人之友』の読者の集まり。内外187友の会約2万人が、「自由・協力・愛」をモットーに、健全な家庭を育み、よりよい社会をつくりたいと、年代をこえて励み合っている。

自由学園（東京都東久留米市）
1921年創立。キリスト教精神に基づき、「思想しつつ、生活しつつ、祈りつつ」を柱として、幼稚園から大学部まで少人数一貫教育を行う。

婦人之友社
1903年創業。羽仁もと子・吉一の新家庭から生まれた月刊誌『婦人之友』は、創刊115年。生活を愛する「読者と記者の研究室」として、母から娘へと読み継がれている。現在は『明日の友』（隔月刊）、『かぞくのじかん』（季刊）の3誌を発行。

〈 レシピ 〉

『婦人之友』『明日の友』読者のみなさん

本谷惠津子　横山宗一　小関 康

〈 料理 〉

仙台友の会

〈 撮影 〉

佐藤則子　鈴木正美　松田哲郎

本社写真部

〈 デザイン 〉

塚田佳奈（ME&MIRACO）

〈 スタイリング 〉

駒井京子

〈 イラスト 〉

コーチはじめ

〈 地図 〉

松村達男

〈 撮影協力 〉

仙台友の家

UTUWA（03-6447-0070）

〈 編集 〉

菅 聖子　小山厚子（本社）

三陸わかめと昆布

浜とまちのレシピ80

2017年3月11日　第1刷発行
2017年9月10日　第3刷発行

編者　婦人之友社編集部

発行所　婦人之友社

〒171-8510　東京都豊島区西池袋2-20-16

電話　03-3971-0101

印刷・製本　大日本印刷株式会社

ISBN978-4-8292-0836-6

ご注文は 2018年3月11日まで

塩蔵わかめ・茎わかめ・こんぶセット購入のご案内

わかめの収穫期は２月末～４月、昆布の収穫期は５月初旬～６月となります。
収穫した日に湯通し塩蔵する「わかめ・茎わかめ・こんぶ」は、１年間おいしく食べられます。

塩蔵　**出版記念セット**（ご注文期間 2017年3月11日～2018年3月11日）

特別価格 1,200円（送料込み）

わかめ
200g 500円

茎わかめ
200g 200円

きざみこんぶ
300g 400円

新昆布が収穫される6月以降、きざみこんぶは新「こんぶ」になります。

こんぶ
300g 300円

＊せん切りにした**きざみこんぶ**は、サラダや酢のものなどにすぐ使えます（2016年産）

（はがききりとり）

郵便はがき

お手数ですが切手を貼ってお出しください

171-8510

東京都豊島区西池袋 2-20-16
婦人之友社編集部
「婦人之友　十三浜わかめクラブ」係

お名前	
ご住所	〒
電話番号	（　　）
お届け先（お届け先が異なる場合の住所とお名前）	〒

[お申し込み方法]
はがき（左）か FAX（裏面）でお申し込みください。
１回限り、２セットまで。

[お申し込み時期]
出版記念セット
2018年3月11日まで

それ以降、また単品のお申し込みについてはP93 をご覧ください。

お申し込み後、２週間ほどで十三浜からお届けします。
（期日指定はできません）

[お支払い方法]　品物が到着後、同梱の振込用紙で 10日以内にお振り込みください。（振込手数料は無料）
振込票をもって受領書に代えさせていただきます。

婦人之友「海の仕事 浜の暮らし」より

FAXのきりとり線

FAXのきりとり線

ご注文は 2018年3月11日まで

塩蔵わかめ・茎わかめ・こんぶ購入ＦＡＸ申し込み票

お名前	
ご住所	〒
電話番号	（　　）
お届け先 （お届け先が異なる場合の住所とお名前）	〒

ＦＡＸでご注文の方も、数量・金額などを下の枠内にお書き込みのうえ、この面を送信してください。

取扱い品内容

1 回限り、2 セットまで。

出版記念セット		
塩蔵わかめ	200g	500円
塩蔵茎わかめ	200g	200円
2017年5月末日まで 塩蔵きざみこんぶ	300g	400円
2017年6 月以降 塩蔵こんぶ	300g	300円
送料込みで特別価格 1,200円		

（宮城県漁協で月２回行う、支所別・品目別放射能検査で不検出のもの）

お届けはレターパックまたは、ゆうパケット便（期日指定はできません）

婦人之友
十三浜わかめクラブ
FAX：03-3981-6747

塩蔵わかめ・茎わかめ・こんぶ購入申し込み票

どちらかに☑をお付けください

品名	申込数と金額
出版記念セット （塩蔵わかめ 塩蔵茎わかめ 塩蔵こんぶ） *2017年5月末日まで、「こんぶ」は 2016 年産の「きざみこんぶ」になります。	□ 1 セット　1200円 あるいは □ 2 セット　2400円

通信欄